Die Botschaft der Blumen

Nach der Lehre von

Omraam Mikhaël Aïvanhov

Die Botschaft der Blumen

Nach der Lehre von

Omraam Mikhaël Aïvanhov

Reihe Evera

PROSVETA VERLAG

Inhalt

Vorwort

Die Blumen begleiten uns bei allen glücklichen oder unglücklichen Ereignissen unseres Lebens, indem sie an unserer Freude und unserer Trauer teilnehmen. Sie erfreuen uns durch ihren Duft, ihre Frische und ihre unendliche Vielfalt an Formen und Farben, und sie sind eine Quelle der Inspiration für Maler, Dichter und die Floristik im Allgemeinen. Man kann die Blumen pflücken, sie riechen, aus ihnen ein Gedicht, einen Blumenstrauß oder ein Bild machen. Und man kann auch wegen ihrer Heilkräfte ihre Quintessenzen gewinnen. Aber am häufigsten verwendet man sie »zur Zierde« oder um zu »verführen«...

Einen anderen Blick auf die Blumen vermitteln uns diese Texte, die in den Werken von Meister Omraam Mikhaël Aïvanhov enthalten sind, und die wir hier zusammenstellen. Eine Blume zeigt sich uns als eine Form, die Farben und einen Duft besitzt. Aber wir dürfen dort nicht stehenbleiben. Wir müssen das suchen, was diese Form, diese Farben und diese Düfte in uns erwecken. Dem Anschein nach stellt eine Blume mit ihrer Zerbrechlichkeit und Vergänglichkeit nicht viel dar, aber sie hat ungeahnte Kräfte. Sie kann zum Ausgangspunkt von spirituellen Verwirklichungen werden. Als Abbild für den Wachstumszyklus der Pflanzen bedeutet die Blume noch etwas anderes als sie selbst.

Und als Sinnbild kann uns die Blume viel über unser Innenleben lehren und uns eine Seite des großen Buches öffnen, das die lebendige Natur geschrieben hat.

Omraam Mikhaël Aïvanhov sagt: »Ich danke dem Himmel, dass er mir die Fähigkeit gegeben hat, Bilder zu lesen. Alle Ausdrucksformen des Lebens sind vor uns, um uns herum, wie ein unerschöpfliches Buch, und mit ihnen will ich Euch unterrichten. Alle abstrakten Hirngespinste über diese oder jene metaphysische Frage werden Euch nichts bringen, aber die Bilder sind so wertvoll und klar, dass sie für immer als unwiderlegbare Tatsachen in Eurem Kopf bleiben werden.«

Indem man dieser Richtschnur folgt, erkennt man, dass das Verstehen der Blumen auch bedeutet, sich selbst zu verstehen und in die Regionen unserer Seele und unseres Geistes einzudringen. Es bedeutet, dass wir unseren inneren Garten nicht brachliegen lassen, dass wir Qualitäten entwickeln, die günstig für ein beginnendes Erwachen sind, und dass wir uns für eine Vorstellung der wahren Liebe öffnen.

Meister Omraam Mikhaël Aïvanhov liebte es schon in jungen Jahren, die Mystische Rose* zu zeichnen. Sie inspirierte seine Meditationen und er sagte über sie: »Ohne, dass ich es wusste, war dieses Symbol aus einer sehr fernen Vergangenheit in mir aufgetaucht. Ich zeichnete es ständig und es sprach zu mir... Instinktiv hatte ich verstanden, dass ein Symbol wie ein Samenkorn ist, das man in sich säen und wachsen lassen muss, indem man ihm Wasser, Wärme und Licht gibt. Nach und nach habe ich seine Blüten erscheinen sehen, und noch heute ernte ich seine Früchte und nähre mich von ihnen.«

Die Blume ist ein lebendiger und wirklicher Ausdruck des Lebens, das sich periodisch in zahllosen Formen regeneriert. So symbolisiert die Blume zunächst die Lebensfreude, die am Ende des Winters hervorbricht und – wenn auch nur einstweilig – den Sieg des Lebens über den Tod besingt.

Sie ist ein Augenschmaus, eine Quelle für die Begeisterung und eine Offenbarung des kosmischen Lebens. Sie erinnert uns an diese immer vergessene Wahrheit, dass die Welt für das Glück und die Schönheit erschaffen wurde.

Durch ihre Symbolik verweist uns die Blume nicht nur auf die Erneuerung der Natur und auf eine gewisse Vorstellung dessen, wie es im Garten Eden war, sondern auch auf den Beginn eines neuen Lebens. Sie führt uns zur Vorstellung eines höheren inneren Zustands, der erlangt werden kann. Ob es in Form der Lilie, der Rose, der Lotusblume oder des Schneeglöckchens ist: Die Blume lehrt uns, die Reinheit, die wahre Liebe, die Weisheit, die Ausdauer und das Erwachen zu verinnerlichen. Sie ist kurz gesagt das Wahrzeichen eines spirituellen Weges.

Im Taoismus und im Chakren-System symbolisieren die »Goldene Blüte« sowie der tausendblättrige Lotus, der sich auf der Spitze des Kopfes öffnet, den höheren Grad der Erleuchtung.

Um ihn zu erlangen, müssen wir eine ganze innere Alchimie ausführen, die Gesetzmäßigkeiten des Blühens kennen, die Blumen des Tierkreises nacheinander pflücken und uns mit dem Baum des Lebens verbinden, der für unser Wiederaufblühen und die Heilung der Nationen gepflanzt ist.

Ja, es ist der Blume zu verdanken, dass sich die Vorstellung von Schönheit und Vollkommenheit in uns entfalten kann. Als Vorbild für unsere Entwicklung, als Unterstützung für die Meditation und als wertvoller Beistand für unsere Verwandlung kann die Blume zu einer wahren spirituellen Schulung werden.

Wenn wir mit ihr sprechen, wenn wir uns von ihr inspirieren lassen, erfahren wir das volle Ausmaß ihrer Fähigkeiten, unser Leben zu verwandeln. Über sie können wir Wertvolles lernen.

Der Herausgeber

* Siehe das Kapitel »Die Mystische Rose ist das erste Symbol, das mich inspiriert hat« im Teil II dieses Buches.

Die Blumen erzählen

I

Auftakt

Die Blumen sprechen zu uns

Schaut euch die Blumen an. In der Nacht schließen sie sich; am Tag hingegen öffnen sie sich der Sonne.

Oh ja, dies sagt sehr viel. Die Blumen sprechen zu uns und sagen: »Ihr könnt die Herzen und die Seelen nur mit Liebe, Güte und Sanftmut öffnen.«

Aber wer versteht schon die Blumen?

Jeanne-Marguerite Lecadre im Garten von Sainte-Adresse
Claude Monet (1867)

Geht zu den Blumen und hört ihnen zu

Geht zu einer Quelle oder einem sprudelnden Brunnen und stellt euch vor, dass diese Quelle in euch entspringt und sprudelt...

Geht zur Sonne, verinnerlicht sie, öffnet euch ihr, damit sie in euch die geistige Sonne, ihre Wärme und ihr Licht erwecke...

Geht zu den Blumen, um sie nach dem Geheimnis ihrer Farben und Düfte zu fragen und hört ihnen zu, um von ihnen zu lernen, wie auch ihr aus eurem Herzen und eurer Seele die wohlriechendsten Quintessenzen gewinnen könnt.

Man mag die Bäume, weil sie Früchte tragen. Man mag eine Quelle, weil das Wasser singt, wenn es hervorquillt. Man mag die Blumen, weil sie Farben und Düfte haben.

Genauso mag man die Menschen, die offen dafür sind, etwas Klares, Lichtvolles, Duftendes und Melodisches zu geben.

Ja, man muss die wahren Wunder suchen: in der Sonne, die aufgeht, in einer Blume, die sich öffnet, in einem Kind, das lächelt oder darin, wie das menschliche Wesen selber erbaut ist.

Der Engel des Sonnenaufgangs
Ivano Marchesani (1982)
Aus dem Bildband »L'art qui éveille la superconscience« (Verlag Les Rayons du Soleil).

In der Blume wohnt eine Wesenheit, die uns von der Erde und vom Himmel erzählt

Man liebt es, Blumen zu erhalten und zu schenken, man stellt sie in das Haus, man pflanzt sie in den Garten, man bewundert sie in den Parks oder auf dem Land, man ist entzückt von ihren Formen, ihren Farben und ihren Düften. Aber man betrachtet sie vor allem als Dekorationsgegenstände, die dazu beitragen, das Leben angenehmer zu machen; deshalb bleibt dieses Interesse für die Blumen oberflächlich und man empfängt durch ihr Dasein keine großartigen Dinge...

Aber was sind Blumen in Wirklichkeit?

Lebende Wesen, mit denen man in Kontakt treten kann... Ja, eine Blume ist nicht nur ein farbiges und duftendes Stück Materie, sie ist die Wohnstätte einer Wesenheit, die uns von der Erde und vom Himmel erzählt. Und wenn man weiß, wie man sie anschauen soll, wie man sich mit ihr verbinden kann, tritt man in Kontakt mit den Kräften der Natur, mit den Wesenheiten, die daran arbeiten, ihre Gegenwart so belebend und poetisch zu machen.

Der See Tekapo
Neuseeland – Foto: iStock/simonbradfield

Sprecht mit den Blumen

Gewöhnt euch daran, mit den Pflanzen und den Samen zu sprechen, wenn ihr sie in die Erde legt. Sagt ihnen ein paar Worte, um sie zu ermutigen, zu wachsen und aufzublühen… Wisst ihr, dass es Pflanzen gibt, die ihr bitten könnt, euch zu schützen? Kakteen zum Beispiel. Manche von ihnen sind mit großen, spitzen Stacheln versehen, und wenn ihr einen davon bei euch habt, bittet ihn, euch vor schädlichen und ungesunden Strömungen, die in der Atmosphäre zirkulieren, zu schützen: Bevor sie euch erreichen, werden sich diese Strömungen auflösen.

Saguaro-Kaktus
Beheimatet in der Sonora-Wüste – Die Blüte des Saguaro-Kaktusses ist das Emblem des US-Bundesstaates Arizona.

Die Blume ist das Kleid eines Wesens

Im Allgemeinen bezeichnen wir nur bestimmte Stoffe, mit denen wir uns bedecken, als Kleider, aber in Wirklichkeit geht diese Frage viel weiter. So kann man sagen, der physische Körper sei das Kleid der Seele und des Geistes, die Worte seien die Kleider der Gedanken usw. Die Gefühle, Gedanken und Kräfte besitzen ein Kleid, das ihnen erlaubt, sich zu manifestieren. Alle sichtbaren und unsichtbaren Geschöpfe besitzen Kleider.

Eine Blume ist beispielsweise das Kleid, in das sich eine Wesenheit hüllt. Deswegen sollte man über die Blumen und ihre Formen, Farben und Düfte meditieren, um die Natur der Wesen, die solche Kleider besitzen, kennenzulernen. Und man sollte nicht nur über die Blumen, sondern über alles meditieren, was in den verschiedenen Naturreichen, dem Mineralreich, dem Pflanzenreich, dem Tierreich und dem Menschenreich existiert. Ein Kristall, ein Diamant oder ein Edelstein ist das Kleid, der Körper, in dem sich eine geistige Wesenheit inkarniert hat, um sich zu manifestieren.

Ruhmeskrone

Beheimatet in den tropischen Regionen Asiens und Afrikas (Nationalblume von Zimbabwe).

Wendet euch an die ganze Schöpfung

Die Schöpfung ist so weitläufig und dermaßen bevölkert! Warum denkt man nicht daran, mit ihren Bewohnern zu sprechen?

Natürlich, um sich bei den Geistern der Natur Gehör zu verschaffen, ist es notwendig, sich in einen Zustand der Harmonie, der Reinheit und des Lichts zu versetzen.

Das sind genau die Bedingungen, die wir am Morgen haben, wenn wir dem Sonnenaufgang beiwohnen. Habt also auf dem Weg, den ihr durchwandert, ein Gefühl der Liebe und Dankbarkeit gegenüber dem Himmel, den Bäumen, den Blumen, den Steinen, der Erde… Denkt auch an alle die unsichtbaren Wesen, die uns umgeben. Dank ihrer ist die Natur lebendig und schenkt uns alles, was sie besitzt. Wendet euch an sie und sagt ihnen: »Oh ihr freundlichen Kinder der Erde, des Wassers, der Luft und des Feuers… ihr Gnomen, Undinen, Sylphen, Salamander, ich liebe euch und danke euch, seid gesegnet für eure Arbeit.

Die Welt der Liebenden
Eleanor Fortescue-Brickdale (1905)

Die Botschaft der Blume

Die Sonne beugt sich zu den kleinen Samen und sagt zu ihnen:

»Nun, worauf wartet ihr? Ihr müsst jetzt etwas hervorbringen. Marsch, an die Arbeit!«

»Aber wir sind ganz klein, wir sind schwach…«

»Nein, nein, versucht es, ihr werdet sehen, ich werde euch helfen.«

Und dann schöpfen alle kleinen Samen Mut. Jeden Morgen erwärmt sie die Sonne, spricht mit ihnen und einige Zeit später sieht man wunderschöne Blumen erscheinen, welche die Dichter und Musiker in Staunen versetzen und inspirieren.

Nun gut, warum versteht man nicht, dass dasselbe auch mit uns, den Menschen, geschehen kann? Wir sind die Samen, die in die göttliche Erde gepflanzt sind, und unter den Sonnenstrahlen können wir so einzigartige Farben und Düfte hervorbringen, dass sogar die Gottheiten entzückt sind.

Denn schaut, was ist eine Blume? Sie kann nicht singen, nicht tanzen, nicht Geige spielen, und trotzdem begeistert sie sogar die Tänzer, die Sänger, die Musiker… Und nun, wenn wir wissen, wie eine Blume ist, warum sollen nicht die Gottheiten, die so hoch über uns stehen, entzückt sein? Sie sagen: »Oh! Was für eine zierliche Blume«, und sie beschäftigen sich mit uns, um uns noch reiner, lichtvoller und duftender zu machen.

Blühende Uferböschung
Christine Løvmand (1841)

Von den Wurzeln zu den Blüten

Der Mensch ist andersherum gebaut als die Pflanzen: Seine Wurzeln befinden sich oben auf der Kausalebene. Ja, die Wurzeln des Menschen sind in seinem Gehirn, es ist das Gehirn, durch das er Kräfte schöpft.

Bei den Pflanzen befindet sich das Gehirn in der Erde, das sind ihre Wurzeln; die Blätter sind ihre Lungen und die Blüten sind die Sexualorgane. Die Pflanze, die ihre Arbeit in den Wurzeln nicht richtig ausführen konnte, kann nichts hervorbringen. Der Baum, der keine Früchte hervorbringt, ist in seinen Wurzeln beeinträchtigt gewesen. Ebenso bleibt der Mensch unproduktiv und kann sich auf der physischen Ebene nicht richtig manifestieren, wenn er nicht durch sein Gehirn Kräfte im Himmel zu schöpfen wusste.

Der alchimistische Baum (Manuskript von 1788)

Gottes Hand hält den Baum des Lebens und der Schöpfung an welchem die Menschen zwischen den Früchten des Guten und Bösen auswählen können.

Der Baum der Liebe

Die Liebe kann mit einem Baum verglichen werden. In diesem Baum stellt die Sexualität die Wurzeln dar. Diese tief im menschlichen Wesen verankerten Wurzeln kann man nicht ausreißen. Er sollte auch nicht versuchen, dies zu tun, weil er auf sie ebenso wenig verzichten kann, wie ein Baum auf seine Wurzeln. Der Mensch sollte nur die Liebe erkunden, indem er danach strebt, höher und weiter in den Stamm, die Äste, Blätter, Blüten und Früchte vorzudringen. Und die Blüten und Früchte der Liebe symbolisieren das Opfer.

Die geistigste Liebe erhält ihren Schwung von der Sexualkraft, aber wir müssen lernen, wie wir sie kultivieren, bewässern, vor Insekten und Gewittern schützen können. Wer die Früchte dieses Liebesbaumes kostet, kennt den Geschmack der Unsterblichkeit und des ewigen Lebens.

Regenbogen-Eukalyptus

Insel Kauai (Hawaii) –
Foto: Jwilsonnorton/Flickr

Der Garten Eden

»Gott, der Herr, pflanzte einen Garten in Eden gegen Osten hin und setzte den Menschen hinein, den er gemacht hatte.« (Genesis 2,8)

Als Adam und Eva im Paradies lebten, im Garten Eden, lebten sie wie in den Blüten eines Baumes. Die Blüten sind der Luft und dem Licht der Sonne ausgesetzt, sie empfangen den Besuch der Schmetterlinge und der Bienen… In den Blüten lebt man ein himmlisches und strahlendes Leben… Aber eines Tages, unter dem Einfluss der Schlange, die den Intellekt repräsentiert, haben Adam und Eva die Blüten verlassen und sind durch den Stamm bis zu den Wurzeln des Kosmischen Baumes hinuntergestiegen, um zu sehen, von wo diese Energie, dieser Saft, diese Vitalität herkamen, die im Baum zirkulierten. Die Regionen, die sie erreichten, waren des Lichtes und der Wärme beraubt; sie fühlten nun das Gewicht der Materie und alles wurde schwieriger für sie…

Der Garten Eden
in »Das Stundenbuch des Herzogs von Berry«

Adam und Eva im irdischen Paradies
Peter Wenzel (1748-1829) – Vatikanische Museen

Was im Garten Eden geschah, geschieht ständig in der einen oder anderen Form in uns: Der Baum des Lebens, der Baum der Erkenntnis von Gut und Böse, die Schlange, alles ist im Menschen vorhanden, und man kann es dort finden. In diesem Augenblick versteht man, dass Moses nichts erfunden hat und dass dies eine ewige Geschichte ist: Man lebt glücklich im Paradies, und dann wird man von den Wurzeln versucht und man verlässt das Paradies…

Eva übertraf mit ihrem Duft alle Blumen

Adam reicht Eva eine Schale Wasser
Gustav Dore, iStock/Lisa-Blue

Eine Überlieferung berichtet, dass Eva im Paradiesgarten Eden mit ihrem Duft alle Blumen übertraf. Doch nach der Ursünde, die einen Abstieg in die dunkleren Regionen des Bewusstseins darstellt, verlor sie diese Fähigkeit, Düfte zu erzeugen, und die Blumen erkannten sie nicht mehr. Denn die Blumen sind rein, keusch, sie haben keinerlei astrale Wünsche, und als sie sahen, welchen Fehler Eva begangen hatte, verzichteten sie darauf, ihr wie früher all ihre Tugenden zu vermitteln.

Was glaubt ihr, warum parfümieren sich die meisten Frauen gerne? Das kommt aus einer fernen Vergangenheit, als der Herr im Paradies Eva damit betraut hatte, sich um die Pflanzen zu kümmern. Eva war die erste Gärtnerin, sie beschäftigte sich mit den Bäumen und den Blumen, während Adam der erste Tierpfleger war, er beschäftigte sich mit den Tieren. Eva beschäftigte sich so sehr mit den Blumen, dass sie dieselben Düfte verströmte, sie war selber eine Blume geworden. Aber nach der ersten Sünde, als Adam und Eva aus dem Paradies verjagt wurden, verlor Eva die Fähigkeit, Düfte zu verströmen. Und weil ihr das fehlte, begann sie, die Düfte außerhalb zu suchen, in den Pflanzen. Vor dem Sündenfall strömten diese Düfte von ihr aus, weil sie die Eigenschaften und Tugenden besaß, die sich eben im physischen Bereich in Form von Düften ausdrücken. Jedes Parfüm ist oben eine Tugend, die unten zum Parfüm wird.

Ja, indem sie sich parfümieren, versuchen die Frauen unbewusst, jene Gabe wieder zu erlangen, die sie im Paradies hatten, nämlich Düfte ganz natürlich auszustrahlen. Aber Parfüm zu verwenden, ist nicht die richtige Methode. Sich zu parfümieren oder auch sich zu schminken, ist nicht verwerflich, aber wenn die Frauen lernen würden, bestimmte Eigenschaften und Tugenden zu entwickeln, hätten sie solche Kunstgriffe nicht mehr nötig, sie würden ihren wahren Duft und ihre ursprüngliche Schönheit zurückgewinnen.

Eine Seele, die nicht leidet, bleibt eine geschlossene Knospe

Der Meister Peter Deunov hat gesagt: »Die Leiden sind für den Menschen das, was für die Pflanzen die natürlichen Wachstumsbedingungen sind. Die leidende Seele entwickelt Blüten, die sich eines Tages in Früchte verwandeln. Eine Seele, die nicht leidet, bleibt eine geschlossene Knospe... Ernähre also deine Seele mit den reifen Früchten des Lebens und du wirst die Freiheit erobern.«

Was bedeutet dies? Im Leben haben wir die Wahl zwischen zwei Haltungen: derjenigen der Faulen, die sich damit begnügen, sich in Sicherheit zu bringen, um dahinzudämmern, zu stagnieren und derjenigen der erwachten und mutigen Wesen, die sich entschlossen haben, trotz aller Schwierigkeiten im Licht zu wachsen. Genau wie die Pflanzen: Da sie am Boden festgewachsen sind, müssen sie die Hitze, die Kälte, den Wind und die Unwetter ertragen... Das sind sicherlich schwierige Bedingungen, aber trotzdem wachsen und blühen die Pflanzen. Und wie schön sind ihre Farben und wie angenehm sind ihre Düfte!

Die Blumen duften, wenn sie leiden

Das Leiden gibt dem Menschen die Möglichkeit, in sich zu gehen, um nachzudenken, zu meditieren und höhere Wesen anzuziehen, die ihn führen und ihm helfen. Wenn ihr leidet und verstehen könnt, dass der Himmel euch durch dieses Leiden verwandeln will, dann wird aus euch ein außergewöhnlicher Mensch. Es gibt kein größeres Wissen, als leiden zu können.

Bei den Blumen ist das Leiden ihr Duft. Wegen der Schwierigkeiten, die sie überwinden müssen, um den Unbilden der Witterung zu trotzen und trotz aller Gefahren, die sie bedrohen, zu überleben, verströmen die Blumen einen köstlichen Duft, und wir lieben sie.

Nicht alle Leiden verströmen einen solchen Duft, denn die meisten Menschen, die nicht wissen, wie sie leiden sollen, jammern beim geringsten Schmerz. Nur derjenige, der verstanden hat, sein Leiden zu akzeptieren, verströmt diesen Duft.

Wenn ein Eingeweihter leidet, weil er die Lasten und Sünden der Menschen auf sich nimmt, so wie es Jesus getan hat, dann verströmt dieses Leiden, das aus Liebe auf sich genommen wurde, den köstlichsten Duft. Dann kommen die Engel und ergötzen sich an ihm, so wie wir uns in einem Garten an einem blühenden Baum erfreuen.

Das Erwachen von Titania
Charles Sims (1896)

Die Blume ist wie ein Talisman

Ein junger Mann hat die Blume, welche ihm das junge Mädchen, das er liebt, geschenkt hat, zwischen die Seiten eines Buches gelegt. Schon nach kurzer Zeit sind die Blütenblätter natürlich verwelkt und verblasst, aber das ist nicht wichtig. Jedes Mal, wenn er diese Blume betrachtet, kommt es ihm vor, als würde seine Geliebte ihn anlächeln, als würde sie ihm durch diese Blume tausend Dinge erzählen. Er legt die Blume an sein Herz und an seine Lippen. Sie ist wie ein Talisman, der ihm die Himmelspforten öffnet. Er ist erfüllt von Freude, fühlt sich inspiriert und wird zum Dichter...

Aber die Zeit vergeht, und die Beziehung zu diesem jungen Mädchen erscheint ihm nicht mehr so ideal. Nun bemerkt er die Blume zwischen den Buchseiten kaum noch, sie sagt ihm nichts mehr, es ist, als wäre sie stumm und leer geworden.

Eines Tages wirft er sie schließlich in den Papierkorb. Was ist geschehen? Die Blume ist immer noch die gleiche, sie hat sich nicht verändert. Er hatte diese Blume zu einem Talisman gemacht, und er selbst hat diesem Talisman nun die Kraft genommen.

Lichter-Decke
Nasir ol-Molk Moschee (Shiraz, Iran)

Die Blumen als Bildnis für den Menschen

Lernt, euch vom Duft der Blumen zu nähren, pflückt sie nicht, denn eine gepflückte Blume ist schon tot. Gott hat sie in seinen Garten gesetzt, wo sie strahlt und frei ist. Ihr wollt sie um jeden Preis zu euch nach Hause nehmen oder sie in euer Knopfloch stecken, damit alle sehen, dass sie euch gehört. Warum? Genügt es euch nicht, ihren Duft einatmen zu können?

Natürlich sind diese Blumen, von denen ich zu euch spreche, ein Bild. Sie stellen die Menschen dar, Männer und Frauen. Und die Düfte sind ihre Ausströmungen, alles, was sie an Lichtvollem, Warmem und Poetischem um sich verbreiten. Niemand wird euch vorwerfen, diese Düfte einzuatmen, sie sind für alle da, und vor allem für diejenigen, die sie zu schätzen wissen.

Wenn ihr aber eine Blume abgeschnitten habt, um sie in euren Besitz zu bringen, dann wird euch der Himmel das vorwerfen. Er wird euch sagen, dass diese Blume wegen euch verwelkt und ausgetrocknet ist. Sie war in den Boden der Gottheit gepflanzt, warum habt ihr sie von dort ausgerissen?

Sommerblumen
John William Godward (1903)

Wie die Vestalinnen kann die Frau eine Übermittlerin der Göttlichen Mutter werden

Die Eingeweihten haben erkannt, dass eine Frau eine Art von Laboratorium ist, eine Blume, welche Düfte verströmt, die dann die Atmosphäre erfüllen. Und sie haben auch erkannt, dass man manchen Frauen – wie beispielsweise den Vestalinnen* – beibringen kann, diese reinen Essenzen auszuströmen, und diese dann zu einem Überbringer der Energien der Göttlichen Mutter werden.

In der Vergangenheit gab es Frauen – solche Fälle sind geschichtlich überliefert –, die Blumendüfte verströmten wie von Veilchen, Jasmin und Rosen. Und ich kann euch sogar sagen, dass vor einigen Jahren, als ich einmal in Lyon war und mit einer Gruppe von Brüdern und Schwestern einen Ausflug machte, ein junges Mädchen darunter war, die den Duft einer Blume ausströmte, die auf den Berggipfeln wächst. Das war wie ein köstliches Parfüm, so rein und ergreifend! Und ich sagte mir: »O Herr, wenn alle Mädchen auf der Erde einen solchen Duft verbreiten könnten, das würde die ganze Welt verändern.«

Wenn es ein Mädchen auf der Erde gibt, das einen solchen Duft erzeugen kann, dann können andere es auch. Aber natürlich bedeutet das, seine ganze Lebensweise zu ändern.

Vestalin trägt das heilige Feuer
Jean Raoux (zwischen 1727 und 1728)

* Die Vestalinnen waren römische Priesterinnen der Göttin Vesta (Göttin des Feuers). Sie hüteten das Herdfeuer im Tempel der Vesta in Rom und holten aus der heiligen Quelle Egeria das Wasser, mit dem der Tempel gereinigt wurde. Sie waren zur Keuschheit verpflichtet.

Andere Blumen, die man schenken kann: unsichtbare Blumen

Ihr möchtet Freunden, die ihr besuchen wollt, Blumen schenken, aber es ist spät und die Geschäfte haben geschlossen. Wer hindert euch daran, euch einige Minuten mit aller eurer Liebe zu konzentrieren und euch die schönsten und frischesten Blumen vorzustellen? Und ihr könnt sogar eine Karte mit ein paar freundlichen Worten für sie dazugeben. Wenn ihr ankommt, spüren sie etwas Besonders und ihr werdet sehen, mit welcher Freude ihr empfangen werdet. Aber habt ihr die Gewohnheit, euch auf diese Weise auf Besuche bei euren Eltern und euren Freunden vorzubereiten? Nein, sogar wenn ihr ihnen der Form halber Blumen bringt, beklagt ihr euch grübelnd über sie, und ihr stellt euch vor, wir ihr mit manchem abrechnen könnt. Also, kann irgendetwas Gutes aus eurem Besuch entstehen?

Man darf nicht zu jemandem gehen, ohne daran zu denken, ihm etwas Gutes zu bringen. Selbst wenn ihr kein Maler seid, um ihm ein Bild zu malen, selbst wenn ihr kein Sänger und kein Musiker seid, um mit ihm zu singen oder zu musizieren, habt ihr innerlich alle Möglichkeiten, zu singen, zu spielen, die schönsten Geschenke zu bringen. Die wahre Magie liegt darin.

Der Weinstock der Seele
Maria Vermard

Die Magie des Frühlings

Erzengel Raphael regiert über den Frühling

Im Verlauf des Jahres findet der Übergang von einer Jahreszeit zur nächsten an vier Zeitpunkten statt, die man Tag- und Nachtgleichen und Sonnwenden nennt und die wie Knotenpunkte bestimmter Kräfte wirken. Die Entfaltung dieser Kräfte wird durch große Geistwesen organisiert und geregelt, welche die Aufgabe haben, sie auf unserem Planeten zu verteilen. Denn man darf nicht denken, dass alles in der Natur mechanisch abläuft. Nein, alle Veränderungen werden durch die Einwirkung von Wesen hervorgerufen, deren Aufgabe es ist, sich entweder um die Pflanzen, um die Tiere oder um die Menschen zu kümmern.

Der Erzengel Raphael regiert über den Frühling. Dieser Erzengel steht an der Spitze von unzähligen Geistwesen, welche auf seine Anordnung hin an der Regeneration und dem Wachstum der Vegetation arbeiten. Denkt also von Anbeginn des Frühlings daran, euch mit dem Erzengel Raphael zu verbinden und bittet ihn, euch empfänglich für die versteckten Tugenden der Bäume, Kräuter und Blumen zu machen, damit das neue Leben auch in euch eindringen kann.

Im Gegensatz zum Erzengel Gabriel, der die Energien konzentriert, befreit sie der Erzengel Raphael. Und um sie zu befreien, lässt er zuvor das Samenkorn reifen, damit alles, was es enthält, hervortreten kann, um Wurzeln, Stamm, Zweige, Blätter, Blüten und Früchte zu werden… Früchte, die neue Samen geben.

Die drei Erzengel und Tobias
Von links nach rechts: Michael, Raphael, Tobias und Gabriel.

Francesco Botticini (1470)

Bis dorthin war das Samenkorn ein erstarrtes, lahmgelegtes, stagnierendes Geschöpf... Ein wenig wie ein Leichnam, den man in einen Sarg gelegt hat, scheint das Samenkorn tot zu sein. Aber im Frühling, mit der Rückkehr der Wärme, ist überall dort, wo Samenkörner sind, die Auferstehung: Jedes ist wie ein kleines Grab, das sich einen Spalt weit öffnet. Der Erzengel Raphael macht sich an die Arbeit, der Stein wird durch die Engel der Hierarchie Bnei-Elohim, die er befehligt, entfernt, und der Keimling erscheint. Die Wärme ist die Ursache dieser Auferstehung, und sie muss noch zunehmen, damit er zur Reife kommt. Uriel ist das Feuer, die Flamme, die ganze Wärme des Sommers. Seit Langem schon hat der Baum geblüht.

Aber was ist eine Blüte? Sie ist das Organ der Pflanze, das dem Tierreich am nächsten kommt. Dieser tierische Teil der Pflanze besitzt Empfindsamkeit durch etwas, das dem Nervensystem ähnelt: Sie öffnet sich dem Licht und verschließt sich der Dunkelheit. Man kann also weitergehen und sagen, dass sich in der Blüte der Astralkörper der Pflanze bildet. Die Blüte ist eigentlich das Geschlecht der Pflanze, dort findet die Befruchtung statt. Und Uriel arbeitet also mit der Wärme, damit die Blüten Früchte hervorbringen...

Verkündigung an Maria durch Gabriel
Henry Ossawa Tanner (1898)

Sich wie ein Schmetterling vom Nektar der Blumen ernähren

Die Natur hat überall Zeichen angebracht, um die Schüler zu lehren und ihnen begreiflich zu machen, welche Verwandlungen sie in sich selbst vollbringen sollen. Zuerst gleichen sie schweren und hässlichen Raupen, welche die Blätter der Bäume fressen und allen möglichen Schaden anrichten. Sie müssen sich entschließen, in sich zu gehen, um nachzudenken und um darüber zu meditieren, wie notwendig es ist, auf manche niedere Neigungen zu verzichten. Auf diese Weise werden sie neue Kräfte in Bewegung setzen, und so wie die Raupe werden sie nach einiger Zeit ausschlüpfen, als leichte und freie Schmetterlinge, die keine Blätter beschädigen, sondern sich nur vom Nektar der Blüten ernähren. Der Schmetterling ist ein Symbol der Seele, welche allen Beschränkungen entkommen ist. Das ist die wahre Auferstehung. Der physische Körper wird nicht auferstehen. Die Auferstehung bedeutet, dass im Menschen etwas erwacht, das eingeschlafen war, und das eines Tages, nach einer langen Arbeit des Reifens, zum Lichte erwacht.

Die Raupen verstehen das Glück der Schmetterlinge nicht. Wenn ihr ihnen erklärt, welch eine Wonne es ist, Nektar zu sammeln, so sagen sie: »Lasst uns in Ruhe!« Sie fressen nur die Blätter. Also nur die Schmetterlinge verstehen sehr gut die Freuden, Blüten zu besuchen. Die Raupen werden verfolgt und getötet, weil sie das Blattwerk zerstören. Die Schmetterlinge zerstören nichts und werden nicht verfolgt.

Monarchfalter (Danaus plexippus)
Beheimatet in Nordamerika. Dieser Schmetterling wandert zweimal pro Jahr in Gruppen von Millionen von Bestandesgliedern über mehr als 4.000 Kilometer.

Foto: iStock/AlpamoyoPhoto

Das Geheimnis des Schmetterlings

Oh schöner, flinker Schmetterling,
Flüchtig von Blume zu Blume schwebend,
Kleiner Prinz der Lüfte, mögest Du innehalten,
Auferstandener, mir dein Geheimnis preiszugeben!
Wie auch dein Name sei: Silvan, Aurora oder Apollon,
Enthülle mir, was Du weißt.

Denn wir haben die gleiche Geschichte.
Als unwissender Mensch träumte ich von Freiheit;
Doch wie sie erreichen,
Diese leuchtende Fata Morgana?
Der gütige Himmel schickte ein Bild:
Nach innerer Wandlung, ein leuchtend Wesen erstand,
Das ringend Erhebung erworben.

Einst aus göttlichem Gedanken geboren,
Doch dann: langsam kriechende, unförmige Raupe,
Nährte ich mich, zum Himmel blickend,
Vom Blattwerk der Bäume.
Weit entfernt schien die wunderbare Welt!
Des Kriechens müde, wuchs die Sehnsucht.
Zuerst musste ich für's Irdische sterben…

Webte aus mir einen schützenden Ort;
Tauchte ein in die Stille,
Meinen Traum vom Licht suchend.
Tag um Tag, Zeit um Zeit, im Gebet.
Dann endlich!
Das Wachsen der Flügel!

Leicht schwebend, den Tod überwunden,
Fliege ich in die duftende Morgenröte
Und schenke der Rose, meiner Geliebten, den ersten Kuss.

Entdecke, mein Kind, in goldenen Lettern,
Die leuchtenden Seiten des großen Buches.
Frag nicht: »Warum?«
Frage: »Wie kann ich werden?«
Dann werden auch deine Flügel eines Tages
Im Morgenlicht schimmern.

Gedicht von Iris
Aus dem Buch »Images et
symboles de la nature vivante«.

So wie ein Schmetterling besucht auch ein Eingeweihter gerne die Blumen

All die Probleme, die die Menschen zu lösen versuchen, haben ihre Lösung im großen Buch der Natur. So bieten uns die Bienen und die Schmetterlinge die Lösung für das Problem der Liebe an.

Wie verstehen die Menschen im Allgemeinen die Liebe? Nach Art der Raupen, die die Blätter der Pflanzen fressen. Aber die Raupe verwandelt sich eines Tages in einen Schmetterling, und der Schmetterling frisst keine Blätter mehr, er sucht die Blumen auf und ernährt sich von ihrem Nektar, ohne sie zu verletzen.

Wie der Schmetterling, so sucht auch der Eingeweihte gerne die Blumen auf, das bedeutet also alle Menschen, und seine Liebe verletzt sie nicht, denn er entnimmt ihnen nur einen winzigen Tropfen Quintessenz und produziert, wie die Bienen, in seinen Laboratorien den Honig, der allen als Nahrung dient.

Ihr seht, alle Lösungen finden sich in der Natur. Und dort muss man sie suchen.

Schmetterlinge
Takeji Fujishima (1904)

Auch die Biene ist ein Symbol für den Eingeweihten

Der geistig Wiedergeborene wird den Bienen gleich: Er verspeist nicht die Blätter, sondern sammelt in den Blüten das Köstlichste, was die Natur hervorbringt. Er versteht die Kunst, den Honig zuzubereiten!

So, wie die Biene keine Blumen verspeist, so nimmt der Eingeweihte, anstatt die Menschen, symbolisch gesehen, zu verschlingen – wie es die meisten Leute tun – nur das von ihnen, was am spirituellsten ist. Dank seiner alchimistischen Kenntnisse bereitet er daraus in seinem Herzen und in seiner Seele eine Quintessenz, eine Nahrung und einen wunderbaren Duft, damit die Engel kommen, um sie zu sammeln....

Ein Eingeweihter ist also sozusagen wie eine Biene. In jeder menschlichen Seele, selbst in jener von Kriminellen, findet er immer göttliche Elemente, und mit diesen Quintessenzen bereitet er den Honig zu.

Schutzpatronin der Bienen

Die heilige Gobnait, Kirchenfenster von Harry Clarke (1914), Kapelle von Honan in Cork City (Irland).

Die Wesen, die alles verwandeln, alles sublimieren, alles erleuchten können, bereiten Honig zu. Sie sind Bienen. Der Bienenstock ist in ihrem Inneren, und der Honig besteht aus den reinsten und feinstofflichsten Elementen, die von ihnen ausgehen: ihren Emanationen.

Alle Menschen sind dazu aufgerufen, diese Quintessenz zu extrahieren, um sie in ihrem Inneren zu verwandeln. Sie sollten lernen, diese Arbeit auszuführen und dafür mit dem Verstand, dem Herzen und dem Willen zu arbeiten, denn mit diesen drei Elementen können sie in ihrem inneren Destilliergerät alles verwirklichen. Das ist die wahre Alchimie. Viele Alchimisten lehren nur das: Wie man eine Biene wird, wie man das Beste aus allem, das sich in der Natur befindet, und vor allem in den Menschen, extrahiert. Sie schauen sie an, sie sprechen mit ihnen und jeder Mensch ist für sie eine Blume.

Die Biene ist das Symbol des Eingeweihten, der nur daran denkt, Gutes zu tun, die anderen zu erhellen, ihnen zu helfen, sie zu inspirieren, sie zu vereinen und sie zu harmonisieren, um eine Universelle Bruderschaft zu schaffen.

Durch das Beobachten der Bienen habe ich erkannt, dass sie in Wahrheit sehr hoch entwickelte Geschöpfe sind. Sie geben uns nicht nur ein Beispiel für eine bemerkenswert organisierte Gesellschaft, sondern sie sind auch das Symbol des wahren Schülers, der an der Herstellung des Honigs arbeitet, dieser einzigartigen Nahrung, die aus Blumen gewonnen wird und köstlich ist.

So haben mir die Bienen das ideale Bild hinterlassen von Geschöpfen, die gelernt haben, die Seelen nur mit dem Reinsten und Duftendsten zu nähren.

Pollensammelnde Bienen auf Kamillen

Tropiques – Foto: iStock/Yuliang11)

Der Frühling kehrt wieder und ihr erblüht auf's Neue

Im Frühling, wenn die Bäume wieder blühen, schmücken sie sich mit einem neuen Kleid, und jeder ist glücklich bei ihrem Anblick und fühlt sich wohl in ihrer Nähe. Mit den Menschen verhält es sich ebenso. Warum zieht euch eine Person in gewissen Momenten mehr an als in anderen? Sie sieht zwar physisch genau gleich aus wie vorher, aber ihr liebt sie jetzt, weil sie sich, symbolisch gesprochen, mit Blüten geschmückt hat. Man liebt keine dunklen und kahlen Bäume. Wenn ihr also fühlt, dass man euch nicht liebt oder nicht mehr liebt, sagt euch: »Ich bin dabei, den Winter durchzustehen, aber soll ich deswegen unglücklich sein? Nein, ich werde arbeiten und der Frühling kommt zurück.« Mutlos sein, das heißt, nicht zu verstehen, dass das Leben in ständiger Bewegung ist. Auch wenn es momentan Winter in euch ist, vertraut darauf: Der Geist wird sich wieder manifestieren und ihr werdet neu erblühen.

Frau mit Rosenkorb
Foto: iStock/clu)

Im Frühling sollten wir uns – ob alt oder jung – gemeinsam erneuern

Mit dem Herankommen des Frühlings spürt man das ganze erwachende Leben: die Blumen, die Bäume, die Vögel…

In der Natur brandet eine neue Welle auf. Das ist eines der außergewöhnlichsten Phänomene: die Wiederbelebung! Jedes Jahr erneuert sich alles, bis auf die Menschen! Die Menschen bleiben so wie sie sind, sie ordnen sich nicht in diese Erneuerung ein, sie sind verschlossen. Aber warum? Wenn sie sich nur die Mühe machen würden, sich zu öffnen, in sich die Türen und Fenster zu öffnen, damit dieses Leben in sie eintreten und sie durchdringen könnte… Manche sagen: »Aber das ist nicht für uns, das ist vorbei. Der Frühling, der ist für die Jugend.« Wenn sie so denken, schneiden sie sich von den Quellen des Lebens ab.

Alle müssen mit dieser Wiederbelebung mitgehen, und man darf hier keinen Unterschied zwischen den Jungen und den Alten machen. Habt ihr schon einmal alte Bäume sagen hören: »Ach wir, wisst ihr, wir haben schon das Alter des Blühens und Wiedergrünwerdens hinter uns, wir überlassen das jetzt den Jungen«? Nein, auch sie bedecken sich im Frühling mit Blüten und Blättern. Daher müssen sogar die alten Großmütter, sogar die alten Großväter in den Kreis des Frühlings eintreten, herumlaufen, springen, tanzen – wenigstens symbolisch – und alles wird besser gehen.

Ein Maimorgen
Charles Courtney Curran (1908)

Der Frühling ist der Stein der Weisen, das Leben, welches die ganze Natur verjüngt

Der Eintritt der Sonne in das Tierkreiszeichen Widder ist für die Alchimisten von erheblicher Wichtigkeit, denn es ist eben der Zeitpunkt, an dem das männliche Prinzip (die Sonne) auf das weibliche Prinzip (die Erde) einwirkt. Die Erde empfängt, nimmt die Sonnenstrahlen in sich auf und beginnt, Blätter, Blüten und Früchte hervorzubringen. Der Frühling ist also der Stein der Weisen, die Lebenskraft, welche die gesamte Natur verjüngt. Das Feuer der Sonne wirkt auf die Materia Prima ein, das heißt auf die Erde, um ihr Leben einzuflößen. Das eben ist das alchimistische Symbol des Frühlings.

Im Winter ist die Erde öde und kalt, aber nach einer bestimmten »Siedezeit« – alchimistisch gesehen – kommen allmählich alle Schätze der Materia Prima zum Vorschein.

Der Widder
Giovanni Maria Falconnetto (zwischen 1515 und 1520)

Es ist die Liebe, die den Frühling erschafft

Wenn wir keine Inspiration haben, sind wir wie ein Baum im Winter. Aber man muss wissen, dass die Inspirationen periodisch kommen, wie die Baumblüte, wenn im Frühling die Bedingungen dafür erfüllt sind. Es hängt daher von uns ab, in unserer Seele die Bedingungen für den Frühling zu schaffen. Und wie? Durch die Liebe. Es ist die Liebe, die im Menschen den Frühling erschafft, aber es ist nicht unwichtig, welche Art von Liebe: die spirituelle Liebe… Durch die Liebe erschaffen wir die Bedingungen seiner Ankunft.

Um zu verstehen, was die Liebe wirklich ist, muss einem klar sein, dass sie kein Gefühl ist, denn das Gefühl ist zwangsläufig Schwankungen ausgesetzt, je nachdem, ob es sich an diese oder jene Person wendet. Sie ist daher ein Bewusstseinszustand, unabhängig von Wesen und Umständen. Lieben, das heißt nicht, ein Gefühl für jemanden zu haben, sondern alles mit Liebe zu tun: mit Liebe sprechen, mit Liebe gehen, mit Liebe atmen, mit Liebe studieren. Das heißt, alle Organe, alle Zellen und alle Fähigkeiten aufeinander abgestimmt zu haben, damit sie gemeinsam im Licht und im Frieden vibrieren. Alle Äußerungen unseres Wesens sind dann von göttlichen Wellen und Fluiden durchdrungen. Die Liebe ist ein anhaltender Bewusstseinszustand. Tag und Nacht ist der Mensch, der in diesem Zustand lebt, bereit, alles in Freude zu tun, und alles, was er tut, ist eine Melodie.

Ihre Haustiere
Alfred Glendening Jr. (1896)

Seht die Vögel unter dem Himmel an, seht die Lilien an, wie sie wachsen

»Seht die Vögel unter dem Himmel an. Sie säen nicht, sie ernten nicht, sie sammeln nicht in die Scheunen, und euer himmlischer Vater ernährt sie doch.«

»Seht die Lilien an, wie sie wachsen; sie spinnen nicht, sie weben nicht. Ich sage euch aber, dass auch Salamon in aller seiner Herrlichkeit nicht gekleidet gewesen ist wie eine von ihnen.«

(Mt 6,26 und Lk 12,27)

Die Jungfrau mit Lilien
William-Adolphe Bouguereau (1899)

Es reicht, einige Seiten im Evangelium zu lesen, um festzustellen, dass Jesus die meiste Zeit die Wahrheiten des spirituellen Lebens ausdrückt, indem er Beispiele aus der Natur verwendet: das Senfkorn, die Kornähren, die Ernte, die Traube, die Weinlese, die Lilien des Feldes, die Vögel des Himmels, die Schlange, die Taube, das Aufziehen von Wolken... Und all die Bilder, in denen das Wasser gegenwärtig ist! Jesus studierte die Natur, die das Werk Gottes ist, und er verstand sie. Er verfasste keine komplizierten Theorien, er sprach von keinen Mysterien. Wie kann man nur übersehen, dass auch für Jesus die Natur ein Buch war?

Wenn die Menschen heutzutage sagen, dass sie die Natur lieben, sehen die meisten sie nur als ihre Umgebung oder als etwas Malerisches. Sie fühlen nicht, in welchem Punkt die Natur ihr innerstes Leben anbelangt, denn es ist ihr eigenes Leben, das ihnen die Natur enthüllt.

Die Natur ist unendlich mehr als eine Umgebung oder eine schöne Dekoration. Deshalb haben unsere Zeitgenossen zu Recht Angst, wenn sie die Zerstörungen sehen, die dort begangen werden. Sie zerstören nicht nur etwas, von dem sie ein Teil sind, sondern auch einen Teil von sich selbst. Das Verständnis ihres inneren Wesens hängt von ihrem Verständnis der Phänomene in der Natur ab, und in diese Richtung müssen sie arbeiten...

Ich danke dem Himmel dafür, dass er mir die Fähigkeit gegeben hat, diese Bilder zu lesen. Alle Manifestationen des Lebens stehen vor uns und um uns herum, wie ein unerschöpfliches Buch, und mit ihm möchte ich euch unterweisen. Alle abstrakten Wortschwalle über diese oder jene metaphysischen Fragen werden euch nichts bringen, aber die Bilder in der Natur sind so präzise und klar, dass sie für immer als unwiderlegbare Wirklichkeiten in euren Köpfen bleiben werden.

Carolinische Turteltauben

Beheimatet in der amerik. Provinz Carolina, John James Audubon – Illustration aus dem Werk »Die Vögel Amerikas« (zwischen 1827 und 1838).

Die Kraft des Schneeglöckchens

Seht nur, welchen Willen, welche Kraft und welchen Mut ein Schneeglöckchen besitzt, um dem Schnee und der Erde zu befehlen: »Auf, macht Platz, ich will herauskommen!« Dabei ist es so zerbrechlich, es hat so feine, zarte Blütenblätter, eine Kleinigkeit kann es verletzen. Aber die Erde und der Schnee weichen gehorsam zurück, es kommt heraus und blüht. Welche Kraft zwingt hier die Erde, sich zu öffnen? Das Schneeglöckchen besitzt eine unwiderstehliche Macht in seinem kleinen Stängel, der da zu wachsen beginnt und den Sieg davonträgt. Die Liebe wird immer siegen!

Und was ist mit euch? Habt ihr nicht noch mehr Möglichkeiten als ein Schneeglöckchen? Doch, aber ihr wisst nicht, wie ihr es anstellen sollt, den Ereignissen, den Schwierigkeiten und Begrenzungen zu sagen: »Auf, macht Platz, lasst mich durch, ich will herauskommen, ich will den Schöpfer bewundern und loben, ich will mit ihm in Verbindung kommen!«

Wenn ihr hartnäckig wie das Schneeglöckchen seid, so werdet ihr schlussendlich herauskommen, euch befreien, und den Sieg davontragen.

Und die Sonne ging auf über den Hügeln
Joseph Farquharson (1846-1935)

Die Region des ewigen Frühlings

Der Frühling
Albert-Ernest Carrier-Belleuse (um 1870)

Es existiert im Menschen eine geistige Region, in der ein ewiger Frühling herrscht. Dort scheint ununterbrochen die Sonne, die Vögel singen, die Blumen erfüllen die Luft mit Wohlgeruch. Auf der physischen Ebene ist es uns natürlich unmöglich, dem Wechsel der Jahreszeiten und dem Wechsel der glücklichen oder unglücklichen Ereignisse zu entkommen, aber durch die Gedanken sind uns alle Möglichkeiten gegeben, uns bis zu dieser Region des ewigen Frühlings zu erheben.

Im ewigen Frühling zu leben, das heißt, immer ausdrucksvoll, lichtvoll und strahlend zu sein, das Leben aus sich hervorquellen zu lassen, um schließlich alle Geschöpfe zu begießen, zu tränken, zu befruchten. Ihr sagt: »Aber es ist nicht möglich, ständig im Frühling zu leben. Man kann dem Winter, der Müdigkeit, dem Leid, der Krankheit, dem Alter nicht entkommen.« Doch, es ist möglich. Aber um euch über alle Veränderungen zu erheben, über allen Wolken zu schweben und in das Licht zu fliegen, müsst ihr die Philosophie des reinen, sprudelnden Lebens, die Philosophie der Güte, der Großzügigkeit und der uneigennützigen Liebe annehmen.

Der Frühling kennzeichnet sich durch ein Ansteigen der Energien… Solange ihr also eure Energien absinken lasst, das heißt, solange ihr sie für grobe, triviale Beschäftigungen verwendet, lebt ihr im Winter; und sogar wenn ihr fähig seid, dem Frühling alle möglichen wissenschaftlichen Auslegungen zu geben, kennt ihr ihn nicht wirklich.

Behaltet Folgendes gut: Solange ihre eure Energien und eure Liebe auf prosaische Beschäftigungen konzentriert, bleibt ihr im Winter mit seiner Kälte, Dunkelheit und dem Stillstand aller Bewegungen. Ihr denkt, dass das eine sonderbare Art ist, über den Frühling und den Winter zu sprechen? Es ist dennoch einfach: Im Winter steigt die Energie zu den Wurzeln hinunter und im Frühling steigt sie wieder zum Gipfel auf.

Versteht also, dass sich dasselbe Phänomen in eurem inneren Leben abspielt, und begebt euch an die Arbeit, ohne euch zu fragen, wieviel Zeit nötig sein wird, diesen ewigen Frühling in euch einzurichten: Allmählich spürt ihr, dass die Quellen sprudeln, das Gras wächst, die Blumen aufblühen und die Vögel in den Bäumen singen.

Ihr wisst, jedes Jahr spreche ich mit euch über den Frühling, der herannaht, den Frühling, der kommen wird, und ihr wisst, warum ich das mache. Weil ich an diesen Großen Frühling denke, das Reich Gottes… Die Unglücke, die Leiden, die Kriege, all das ist vergänglich. Dass die Menschen sich an den Schwierigkeiten stoßen, dass sie enttäuscht sind, dass sie sich verbrennen, selbstverständlich, aber das ist vergänglich. Eines Tages gehen sie auf die andere Seite, dann kommen sie wieder auf die Erde mit Begabungen, mit Talenten… Alles ist vergänglich, und die Menschen bleiben bei dem stehen, was vergänglich ist, sie sehen das nicht, was oben ist, das Ziel, das zu erreichen ist.

Das unsterbliche Blühen des ewigen Frühlings
Lang Schöning (1688-1766)

Ihr sagt: »Aber der Frühling ist auch vergänglich.« Ja, aber ich spreche auch von einem anderen Frühling, ich spreche vom ewigen Frühling… Nur muss man höher steigen, um ihn zu spüren und ihn zu erleben. Dort oben, viel höher oben, gibt es die Sonne, die immer scheint, Blumen, die die Atmosphäre mit ihrem Duft erfüllen, Vögel, die singen, Quellen, die sprudeln. Ja, meine lieben Brüder und Schwestern, man muss sehr hoch hinaufsteigen, um im ewigen Frühling zu leben.

Der große Frühling

Denkt an den Frühling, an den Großen Frühling, der kommen wird, denn wenn ihr an ihn denkt, arbeitet ihr daran, dass er schneller kommt. Wenn Millionen von Menschen an diesen Frühling denken würden, hätten sie begriffen, was man machen müsste, um ihn zu verwirklichen. Doch es ist traurig und schade, dass es nicht viele gibt, die daran denken. Deshalb hat dieser Frühling etwas Verspätung. Aber wenn ihr jetzt beschließt, jeden Tag an ihn zu denken, dann werdet ihr sehen, dass aller Zauber, alle Inspiration, Begeisterung und Verzückung bei euch einkehren werden. Stellt ihn euch sehr schön vor, mit seinen Farben, seinen Düften, seinen Formen und seinen Ausstrahlungen. Versucht es und ihr werdet sehen.

Jetzt ist es aber wichtig, dass man das, was man weiß, in die Tat umsetzt. Ja, das Wenige, was man weiß, das muss man in die Tat umsetzen. Und vergesst nie, dass jeder eurer Fortschritte, sei er auch noch so klein, auch für die ganze Welt ein Fortschritt ist.

Ja, meine lieben Brüder und Schwestern, denkt an den Frühling, an den Ewigen Frühling, konzentriert euch jeden Tag auf ihn, und wenn ihr euch dann im Spiegel anschaut, werdet ihr euch unwillkürlich ein kleines Lächeln schenken. Und selbst wenn dieser Frühling niemals kommen sollte, glaubt daran, denkt an ihn, denn ihr braucht ihn, und ihr werdet sehen, eure Situation wird sich verbessern. Selbst wenn er nicht kommt, wird er bereits in eurem Inneren sein. Selbst wenn es äußerlich keinen Frühling gibt, macht das nichts, er wird in euch da sein und das ist es, worauf es ankommt.

Der Zyklus der Jahreszeiten

Hildegarde von Bingen –
aus »Das Buch vom Wirken Gottes« (13. Jahrhundert)

Die Quintessenz der Blume

Das Geheimnis des Dichters

Wenn ich zuweilen sage, dass ihr Himmel und Erde besitzen könnt, glaubt ihr mir nicht. Dennoch ist es die Wahrheit: Die ganze Welt kann euch zustehen. Und wie? Ihr könnt sie innerlich besitzen. Wozu sie greifbar haben wollen? Was würdet ihr mit all den Wäldern und Bergen anfangen? Ihr habt mich nicht verstanden, als ich sagte: »Eines Tages werden Himmel und Erde mir gehören.«

Ja, ich fügte noch hinzu, dass auch ihr in ihren Besitz gelangen könnt. Wie ist es möglich, dass Dinge mehreren Leuten zugleich gehören? Gewiss, in der physischen Welt kann das, was dem einen gehört, nicht einem anderen gehören: In der göttlichen Welt ist dies möglich.

Hier ein Beispiel dafür: Ein wohlhabender Mann besitzt einen prächtigen Park, in dem die schönsten Blumen und Bäume wachsen, aber er ist durch seine Geschäfte derart in Anspruch genommen, dass er keine Zeit findet, in seinem Park spazieren zu gehen: Er sieht ihn nicht und zieht keinen Nutzen daraus.

Die Butchart-Gärten
Vancouver (Canada)

Indessen kommt alle Tage ein Dichter in diesen Park, lauscht dem Gesang der Vögel, bewundert die Blumen und die Springbrunnen, atmet den Duft der Rosen und schreibt Gedichte. Wem gehört nun dieser Park? Dem Dichter. Und der andere, der Besitzer? Er bezahlt die Steuern…!

Die Erde ist das Eigentum vieler Länder, doch sie gehört auch mir! Warum nicht? Und auch euch; es ist lediglich eine Frage der inneren Einstellung.

Lasst das Wasser des Lebens fließen, und die Wüste wird zu blühen beginnen

Ihr wollt eine Wüste in eine fruchtbare Ebene verwandeln, was ist zu tun?

Lasst ganz einfach das Wasser fließen und alles wird seinen Platz finden: die Pflanzen, die Insekten, die Vögel, die Tiere und die Menschen. Das Wasser ist das Leben, das zirkuliert. Also, lasst das Wasser, das Leben, fließen und kümmert euch nicht darum, welche Bäume dort wachsen und blühen werden und welche Vögel dann in diesen Bäumen singen. Jemand wird sagen: »Aber ich will zuerst wissen, welchen Platz dieses Gras bekommt oder dieser Vogel, und auf welchem Zweig er singen wird.« Oh je, oh je, wenn man abwartet, all diese Einzelheiten zu kennen, bevor man sich entschließt, das Wasser strömen zu lassen, werden Jahrhunderte vergehen, ohne dass eine einzige Blume wächst oder ein Vogel singt.

Lasst also das Wasser fließen! Ihr werdet sehen, wie in diesem Moment alles seinen Platz findet. Alles wird singen, alles wird blühen, es wird das Reich Gottes sein. Das Wasser fließen zu lassen, bedeutet, niemals aufzuhören zu lieben. Selbst wenn die Menschen euch verletzen, hört nie auf, si e zu lieben, sonst wird eure Quelle versiegen und ihr werdet eine Wüste; sie werden in aller Ruhe weiterleben, während ihr dem Untergang entgegen geht.

Der Garten von Seele und Geist

Die Menschen können mit Blumen, Früchten oder sogar mit Gemüse verglichen werden! Wenn ihr mit ihnen in Verbindung kommt, sie anschaut, anhört und mit ihnen redet, so ist es, als würdet ihr ihren Duft einatmen, sie sogar kosten. Was tut ihr aber meistens? Ihr schaut auf ihre Kleidung, ihren Schmuck, ihr Gesicht, ihre Beine und Hände, aber ihr versucht nicht, eure Seele, euren Geist mit dem verborgenen Leben zu nähren, diesem Leben, das ihnen innewohnt und aus ihrem Herzen, ihrer Seele, ihrem Geist ausströmt. Und das ist schade!

Seid also in Zukunft wachsamer und bemüht euch, die Menschen, die dieses subtile Leben in sich bergen, zu schätzen; haltet bei ihnen inne und denkt dabei: »Sie spiegeln den Himmlischen Vater, die Göttliche Mutter wider! Danke Herr, danke Göttliche Mutter! Diese ›Blumen‹ und ›Früchte‹ geben mir heute die Möglichkeit, Euch näherzukommen, Euch zu betrachten; durch diese Pracht kann ich Euren Duft einatmen und Eure Würze kosten«, und ihr werdet beglückt davongehen, weil es euch vergönnt war, durch diese Blumen und Früchte dem Himmel näherzukommen.

Natürlich werden sich manche wundern, dass ich die Menschen mit Blumen und Früchten... oder gar Gemüse vergleiche! Warum eigentlich nicht? Wie oft haben doch Dichter schöne junge Frauen oder Männer mit Rosen, Veilchen, Lilien, Jasmin oder Lotusblumen verglichen! Die Franzosen sagen zu jemandem, den sie sehr lieben, »mein Kohl«. Andere, die man dämlich findet, werden als Birne oder Gurke tituliert. Aber lassen wir all das Grünzeug und die Gemüsesuppen.

Das Wesentliche ist zu verstehen, dass ich euch damit eine sehr mächtige Arbeitsmethode gebe. Wenn ihr sie anwendet, werdet ihr nicht nur viel Missgeschick und viele Schwierigkeiten vermeiden, sondern ständig in Freude, Inspiration und innerer Weite leben.

Wenn die Feen kommen
Ida Rentoul Outhwaiteies (1908)

Dank des Duftes erkennen die Wesen einander wieder

Auf der ätherischen Ebene strömt jedes Geschöpf einen speziellen Duft aus. Dieser Duft ist eine Quintessenz dessen, was es als das Kostbarste besitzt: seine Liebe. Dank dieses Duftes erkennen sich die Wesen, die einander lieben, in der jenseitigen Welt wieder. Ein Wesen, das euch liebt, lässt in euch einen Duft zurück, den ihr für die Ewigkeit behaltet, und ebenso hinterlässt jeder eurige Ausdruck uneigennütziger Liebe in ihm einen Duft, dank dessen er sich an euch erinnern und euch wiedererkennen wird.

Wie viele Männer und Frauen, die einander lieben, fragen sich, ob sie sich wiederfinden werden, wenn sie die Erde verlassen haben werden! Ja, wenn sie einander wirklich geliebt haben, erkennen sie einander unter den Milliarden von Seelen, die die unsichtbare Welt bevölkern, wieder; sie können sich nicht täuschen. Wie ein Duft wird die Liebe für die Menschen, die sie geliebt haben, sie zu ihnen führen, ohne dass sie nötig hätten zu wissen, in welcher Gegend im Raum sie sie finden.

Der Flug der Seelen

Gemälde aus dem Werk »Das Gedicht der Seele« von Louis Janmot, 1814–1892.

Ein Duft, der keinem anderen gleicht

Es wird in den Heiligen Büchern gesagt, dass die Seelen der Gerechten Düfte ausströmen, die dem Ewigen Freude bereiten. Ja, das ist wahr, Gott atmet die Seelen ein, das ist eine Wirklichkeit: Die Seele eines Gerechten strömt Düfte aus, die lichtvolle Wesen anziehen. Natürlich sind diese spirituellen Düfte so subtil, dass es unmöglich ist, sie auf der physischen Ebene wahrzunehmen.

Es kam oft vor, dass Meister Peter Deunov mich zu sich einlud, um mit mir zu sprechen. Als ich eintrat, war ich immer von einem überwältigenden Duft beeindruckt, der keinem anderen glich, einem Duft, der nicht von den Blumen kam, nicht von den Früchten, von nichts, das im Zimmer sein konnte. Es war sicherlich der Duft seines Herzens, seiner Seele. Ich war sehr jung, ich konnte es noch nicht so erklären, aber bei jedem Besuch spürte ich dieselbe Empfindung von Reinheit, von Heiligkeit, wie einen Duft, und ich habe ihn nirgendwo anders mehr gefunden. Denn in Wirklichkeit existiert dieser Duft nicht auf der physischen Ebene, es musste meine Seele sein, die ihn auf der Astralebene wahrnahm.

Meister Peter Deunov

Jedes Mal, wenn ich dem Meister zuhörte

Ich fand den Brauch unter den Schülern von Meister Peter Deunov sehr schön, ihm Blumen und Früchte zu bringen, wenn sie ihm gegenübertraten. Der Meister erwartete von seinen Schülern sicherlich nicht, dass sie ihm Blumen und Früchte bringen – übrigens auch nichts anderes, was auch immer es sei – selbst wenn es oft vorkam, dass sie es taten. Aber ich fühlte, dass mich die Blumen und Früchte, die ich ihm brachte, in meiner Seele wachsen ließen, denn jeder Mensch besitzt einen inneren Garten, den er kultiviert oder brachliegen lässt.

Fruchtschale mit Blumen
Georgius Jacobus Johannes van Os (1782-1861)

Jedes Mal, wenn ich dem Meister zuhören ging, bemühte ich mich, Blumen und Früchte zu bringen, die ich für ihn vorbereitet hatte: mein Vertrauen, meine Hoffnung, meine Begeisterung. Allmählich fühlte ich, dass sich in mir Türen öffneten, durch die sein Wort und seine Ausströmungen drangen. Dann schien mir alles, was er sagte, auch wenn ich es schon gehört hatte, neu.

Strahlt die Schönheit aus

Der vollkommene Künstler ist jener, der als Gestaltungsmittel seinen eigenen Leib genommen hat. Als Leinwand zum Malen nahm er sein Gesicht und seinen Körper, als zu schreibendes Buch sein ganzes Wesen, als Modelliermasse seine Gedanken und Gefühle. Er möchte, dass die Schönheit und die Harmonie der Schöpfung durch ihn hindurchgehen. Dieser Künstler erschafft die Kunst der neuen Kultur, die kommt.

Die Schönheit ist eine lebendige Sache, ihre Quelle bleibt tief im Menschen verborgen. Sie quillt hervor, strömt bis an die Oberfläche des Körpers und durchflutet die Haut, den Blick, das Lächeln und sogar die Stimme. Aber nur die lichtvollen Gedanken und die Gefühle uneigennütziger Liebe können die Schönheit erschaffen. In diesem Augenblick kann nichts verhindern, dass der Duft von aufgehenden Blumen und der Duft der Früchte, die im Hain seiner Seele reifen, aus ihm hervorströmen.

Einer der sieben Seen von Rila
Bulgarien

Die Halskette aus 108 Samen

Selbst die Sadhus in Indien, die in freiwilliger Armut leben, tragen gerne eine Kette... eine Kette aus Blumen oder kleinen Samen. Während meiner Indienreise habe ich mehrfach solche Ketten geschenkt bekommen, und ich habe sie aufbewahrt. Oft haben sie 108 Kerne, denn diese Zahl ist für sie heilig, sie wird Babadji* zugesprochen. Alle okkulten Elemente sind in dieser Zahl enthalten, denn um sie zu erhalten, muss man mehrere ganz bestimmte Zahlen zusammenzählen, die sehr bedeutsam sind. Es sind die Zahl 1 des Schöpfers, die 7 der Erzengel und der Spektralfarben, die 10 der Sephiroth, die 12 der Tierkreiszeichen, die 22 der Elemente der Kabbala, die 24 der Vierundzwanzig Ältesten, die 32 der Wege der Weisheit. 1 + 7 + 10 + 12 + 22 + 24 + 32 = 108.

Indischer Sadhu

Russische Postkarte (Ende 19. Jahrhundert)

* Babadji ist ein Mahavatar, eine »Göttliche Verkörperung« (siehe dazu das Buch »Autobiographie eines Yogi« von Paramhansa Yogananda).

Der Gärtner der Seelen

Meister Peter Deunov wünschte, dass wir uns, genau wie er, für die verschiedenen Sprachen der Natur öffnen, und er sagte:

»Lasst die schlammigen Lebenswege beiseite, macht euch auf und folgt den Pfaden, die euch zum Gipfel des Berges führen. Auf diesen Pfaden nehmt die Liebe als Führer, achtet auf die kleinen Blumen auf eurem Weg, auf die Tautropfen an den Blättern der Bäume, auf das Gezwitscher der Vögel, auf das Summen der Insekten, auf das Plätschern der Quellen. Lasst eure Ohren den leisesten Liedern des Lichtes lauschen, die eure Seele erfreuen.«

Diese notwendige Feinfühligkeit beim Annähern an die Seelen habe ich oft bei ihm beobachtet, und man findet sie auch in den Worten und der Musik von einem Lied, das er komponiert hat, »Tam Daletce« , es beschreibt ein wunderschönes Land, einen Garten im Paradies:

»Dort, in der Ferne, kenne ich ein wunderschönes Land:
Sonne, Blumen und Früchte, eine Quelle sprudelt,
Es ist ein Garten im Paradies.
Sag' mir, was du weißt von dem Heimatland, von der Erde im Paradies,
Wo der Kirschbaum blüht und reift im Morgentau.
Zu diesem schönen Land zeig' mir den Weg.
Pflücke nur die reifen Früchte, aber ohne die jungen Zweige abzubrechen.
Pflück' die Früchte in Fülle und bring' sie allen, zur Freude.«

Der kleine Gärtner
Frédéric Bazille (um 1866)

Gruß an die Gärtner unseres inneren Gartens

Die Wesenheiten der unsichtbaren Welt sind immer bereit, euch Licht, Freude und Liebe zu bringen. Sie sind Gärtner, die sich eures inneren Gartens annehmen. Während wir ihre Ankunft erwarten, müssen wir um uns eine sehr reine Atmosphäre schaffen, um sie anzuziehen, aber auch, um sie nicht wieder gehen zu lassen.

Der günstigste Moment für diese Arbeit ist der Sonnenaufgang. Während die Sonne sich Stück für Stück über den Horizont erhebt, ändert sie ihre Farbe. Wenn sie hervorkommt, ist sie rot, dann orange, dann gelb und je nach der Qualität der Luft kann sie auch einige Grün-, Blau- und Violett-Töne annehmen. Zuletzt wird sie schließlich leuchtend weiß. Während sie sich über dem Himmel erhebt, singt die Sonne die ganze Skala der Farben und jede einzelne gibt einen Klang. Welche Symphonie also, wenn sie beim leuchtenden Weiß ankommt!

In dieser Symphonie, in dieser Lichterpracht reinigt sich unsere Aura, stärkt sich und schwingt intensiver. Sie gibt den engelhaften Wesenheiten Zeichen, die sehen, dass sie zu einem Fest eingeladen sind. Sie eilen herbei, um daran teilzunehmen und, wie alle Gäste, die zu einem Fest kommen, bringen sie Geschenke.

Die Gärtner
Gustave Caillebotte (um 1875)

Die Weiterentwicklung der Seele geschieht durch das gemeinsame Erblühen von Seelen verschiedener Stufen, die durch das, was sie verströmen, untereinander verbunden bleiben, so wie die Blume durch ihren Duft mit anderen Blumen verbunden bleibt. Das Bewusstsein erhebt sich von Sprosse zu Sprosse bis es das ganze Universum einschließt.

Jakobs Traum (Genesis 28,11)
William Blake (1805)

Bild von Svezda

Svezda (1892-1981, bulgarisch-französische Astronomin und Künstlerin) war mit der geistigen Welt verbunden. Ihr Leben war ganz der geistigen Suche und einer außergewöhnlich hohen Moral gewidmet. Mittels medialer Kommunikation erhielt sie Bilder und Botschaften, welche sie die großen Gesetze aus der Welt der Weisheit lehrten.

Die Sonne verteilt auch eine Fülle an Düften

Unsere ganze geistige Arbeit gründet auf der Sonne. Sie ist für uns der Dirigent. Wir schauen auf die Bewegungen ihres Taktstockes und wir singen. Ihr ahnt nicht, welche Entdeckungen bald gemacht werden! Stünden mir sehr ausgereifte materielle Geräte zur Verfügung, würde ich mich gerne unter dem Titel »Die Musik der Sonne« damit beschäftigen, ihr Licht in Musik und Töne zu transformieren. Aus der Sonne verbreitet sich nämlich eine Musik in das ganze Universum. Es sind die wundervollsten Klänge, die es gibt. Wenn die Wissenschaftler sich einmal ernsthaft damit auseinandersetzen werden, wird die Welt verwundert und entzückt der herrlichen Sonnenmusik lauschen.

»Wenn das Licht das Symbol für das Gute, das Schöne, das Wahrhaftige ist, dann kann diese lichtvolle Quelle – die Sonne – niemand anderer als Gott selbst sein.«

Zitat und Bild von Vincent van Gogh
»Der Sämann«, Detail (1888)

Aber die Sonne sendet nicht nur Musik in den Weltraum, sie verteilt auch Düfte in Hülle und Fülle – die Quintessenzen sämtlicher Blumen. Wir riechen sie nur deshalb nicht, weil unser Geruchssinn nicht verfeinert genug ist. Unter den köstlichen Wohlgerüchen, die der Sonne entströmen, wählen die Blumen der Erde diejenigen aus, die ihrem Wesen entsprechen. Die Blumen stellen ihren Duft nicht selber her, sie sind nur fähig, ihn aufzufangen und uns zu übermitteln, wenn wir an ihnen riechen. Indem wir den Duft der Blumen riechen, entdecken wir also die Düfte der Sonne! Auch diese Wahrheit wird eines Tages bestätigt werden. Doch wird es noch lange dauern, bis die Düfte der Sonne aufgefangen werden. Die Aufnahme der Musik wird sich rascher verwirklichen.

Wenn die Wissenschaft einmal entdeckt, dass die Sonne intelligent ist und dass sie Botschaften ins ganze Universum versendet, wird der größte Umbruch in der Menschheit stattfinden.

Wie man die Quintessenz gewinnen kann

Wir sind auf die Erde heruntergekommen, um dort eine Arbeit zu verrichten. Uns ist eine Materie gegeben, der wir die Quintessenz entziehen müssen; diese Quintessenz ist der einzige Reichtum, den wir mitnehmen, wenn wir sterben, und mit ihr werden wir im Jenseits weiterarbeiten. Im Moment haben die Menschen sich derart daran gewöhnt, nur an der Oberfläche der Dinge zu bleiben, dass es ihnen schwerfällt, eine Arbeit in Betracht zu ziehen, die die Gedanken betrifft.

Damit ihr euch eine Vorstellung von der Gedankenarbeit machen könnt, werde ich ein Beispiel nehmen. Wisst ihr, wie viele Tonnen Roherz man aus der Erde fördern muss, um eine kleine Menge Metall wie Gold, Silber, Eisen oder Kupfer zu gewinnen? Der Rest ist Schlacke, die man beiseitelässt. Das Gleiche gilt für einige Liter Rosenöl: Wie viele Tonnen Blütenblätter muss man dafür destillieren! Deshalb können wir sagen, dass die Beschäftigungen der Menschen darin bestehen, Tonnen von Rohmaterial zu fördern, während ihre Gedankenarbeit erlaubt, die Quintessenz davon zu gewinnen. Die Quintessenz ist etwas Unwägbares, etwas, was den Dingen einen Geschmack und einen Sinn gibt.

Man kann eine Einweihungsschule als eine Destillationsfabrik bezeichnen. Alles, was der Schüler erlebt hat, alles, was er an Gedanken und Gefühlen angesammelt hat, alle glücklichen oder unglücklichen Erfahrungen, die er gemacht hat, sogar alle Fehler und alle Leiden dienen dazu, dass er daraus lernt, die Quintessenz zu gewinnen: Er zieht eine Lehre daraus, eine Weisheit, er versteht, wie die Gesetze wirken, weswegen er auf einem Gebiet Erfolge erringen konnte, während er auf einem anderen gescheitert ist.

Jener, der die Quintessenz seines eigenen Lebens extrahieren konnte, ist vergleichbar mit einem kleinen Fläschchen, das ein Parfüm verbreitet, welches die Zeit nicht zu verflüchtigen vermag. Jetzt besitzt er das, was am wertvollsten und am reinsten ist. Eine unendlich kleine Menge von dieser wertvollen Substanz genügt, damit Teilchen um Teilchen sich im Raum verbreiten, ohne dass sie selber dabei weniger wird. Die Quintessenz des Menschen ist sein Geist.

Kirchenfenster
von Brigitte und Martial Audet

Die Aufmerksamkeit kultivieren

Wollt ihr glücklich sein? Dann lernt, die Aufmerksamkeit, jene so kostbare Eigenschaft, zu kultivieren. Die Aufmerksamkeit unterhält die Liebe, sie erhält das Leben. Schenkt nicht nur den Menschen, sondern auch den Bäumen und Blumen, denen ihr auf eurem Weg begegnet, sowie auch den Tautropfen, Schmetterlingen, Insekten und Vögeln Aufmerksamkeit.

Portrait einer Fee
Sophie Gengembre Anderson (1869)

Und ihr könnt diesen Rat auch auf euer inneres Leben anwenden. Denn auch in euch gibt es Schmetterlinge, die von Blume zu Blume flattern, und Vögel, die in den Bäumen singen. Wenn ihr manchmal am Morgen euer Fenster öffnet, fühlt ihr euch von unsichtbar gegenwärtigen Wesen bewohnt, ähnlich jenen, die im Märchen vorkommen, und es ist, als würden auf den Blüten und Blättern eurer Seele Tautropfen glitzern. Schenkt diesem Empfinden Aufmerksamkeit, lasst es nicht verschwinden, ohne wenigstens einen Augenblick lang zu versuchen, es zurückzuhalten, weil gerade dieses Gefühl euren Tag mit Poesie erfüllen wird.

Lobgesang an die Rose

II

Wenn man die Symbole für Reinheit in allen Bereichen und auf allen Ebenen der Natur sucht, was wird man finden?

In der Erde ist es der Kristall, der Edelstein oder der Diamant. Das Reinste, was die Erde produziert, ist der Bergkristall oder der Diamant.

Im Reich der Pflanzen ist das Symbol der Reinheit der Lotus, der im Wasser wächst und Blütenblätter von einer außergewöhnlichen Klarheit hat.

Ihr werdet sagen: »Und die Lilie...? Und die Rose...?« Ja, die Lilie auch; aber die Rose ist etwas anderes, sie ist eher ein Symbol der göttlichen Liebe.

Mathilde
(nach Gesang 28 aus dem Kapitel »Das Fegefeuer« der Göttlichen Komödie von Dante)
George Dunlop Leslie (1877)

* Anmerkung: Als Sinnbild für die körperliche Liebe ist die Rose auch ein Symbol für Keuschheit. Als Zeichen der Jungfräulichkeit wurde sie »Rosa Mystica« oder »Rosa Coeli« genannt. In den Katakomben waren die Rose und die Rosenkrone Symbol für Martyrium. In der christlichen Ikonographie stellt sie auch das Blut Christi dar. Und in der »Göttlichen Komödie« von Dante wird der Wohnort der Heiligen im Zentrum des Paradieses als Himmelsrose bezeichnet (siehe Abb. Seite 70).

Die Quelle und die drei Rosen

Einst blühte am felsigen Bergeshang,
Ein wild wachsender Rosenstrauch,
Der betete in innigem Gesang
Zu Gottes ewigem Hauch.

Ihm wog so schwer die Einsamkeit,
Und er sehnte sich wie im Traum
Nach Rosenpflanzen, nach Freundes Geleit
… Sein Gebet stieg zum Weltenraum.

Die Antwort kam von der Liebe selbst,
Denn die schmückte von nun an den Berg
Mit drei Rosenbüschen unterm Himmelszelt,
Sie verherrlichen Gottes Werk.

Die Sonne geht auf, da erhebt sich ein Klang,
Eine Quelle murmelt ganz fein,
Sie feiert das Wunder mit süßem Gesang,
Will auch Freundin der Rosen nun sein.

Übers Bächlein beugen die Rosen sich her,
Es strömt schon glitzernd zum Tal,
Will werden ein Fluss, ein Strom, ein Meer,
Fließt in kräftigem, leuchtendem Strahl.

Lebendig ist nun des Berges Stein,
Die vier Freunde erzähl'n immerfort
Von Reinheit, von Schönheit, von liebendem Sein
Und verwandeln den kargen Ort.

Frei nach einem Gedicht von Iris
aus dem Buch »Images et symboles de la nature vivante« (vergriffen).

Großzügig wie die Rose sein

Die Sonne sprüht, strahlt und wärmt für sich selbst, und es ist ein Segen für die ganze Natur. Und die Rose, glaubt ihr, dass sie ihren Duft verströmt, weil sie an andere denkt? Niemals, sie tut es, weil es ihr gefällt, weil es in ihr ein Gefühl von Weite erweckt. Ihr werdet sagen: »Also, wenn man für sein eigenes Vergnügen großzügig und selbstlos ist, strahlt und leuchtet, kann dann die ganze Welt davon profitieren und glücklich sein?« Ja natürlich. Das ist eine neue Art und Weise, sich selbst zu lieben, an sich selbst zu denken. Wenn man egoistisch an sich selbst denkt, führt das zum Streit und alle leiden. Und wenn man seiner selbst entsagen will, wie es manche Lehren raten, ist das gefährlich, weil man gegen die Natur verstößt, und dabei auch die anderen quält, wenn man sie mit einer angeblich selbstlosen Liebe verfolgt, die in Wirklichkeit krankhaft ist.

Rosengarten

Carl Frederic Aagaard (1877)

Das wahre Glück ist das Glück ohne Ursache

Jemand sagt: »Ich bin glücklich, weil…« Nun, allein die Tatsache, dass er eine Ursache für sein Glück nennt, ist der Beweis, dass ihm dieses Glück nicht wirklich gehört. Denn das wahre Glück ist ohne Ursache. Ja, ihr seid glücklich und wisst nicht warum. Ihr findet, dass es herrlich ist zu leben, zu atmen, zu essen, zu sprechen, und ihr wisst nicht warum. Es ist nichts geschehen, kein Geschenk, keine Erbschaft, keine hübsche Frau. Ihr seid glücklich, weil da von oben etwas dazu kommt, ein spirituelles Element, das unabhängig von euch herabfließt, wie Wasser vom Himmel.

Für die meisten Menschen ist das Glück mit Besitztümern, Häusern, Geld, Auszeichnungen, Ehrungen oder Frauen und Kindern verbunden. Nein, das wahre Glück hängt nicht von einem Gegenstand oder einem Besitz ab, es kommt von oben. Staunend entdeckt ihr fortwährend in euch diesen wunderbaren Bewusstseinszustand. Ihr freut euch und wisst nicht einmal warum. Das ist das wahre Glück.

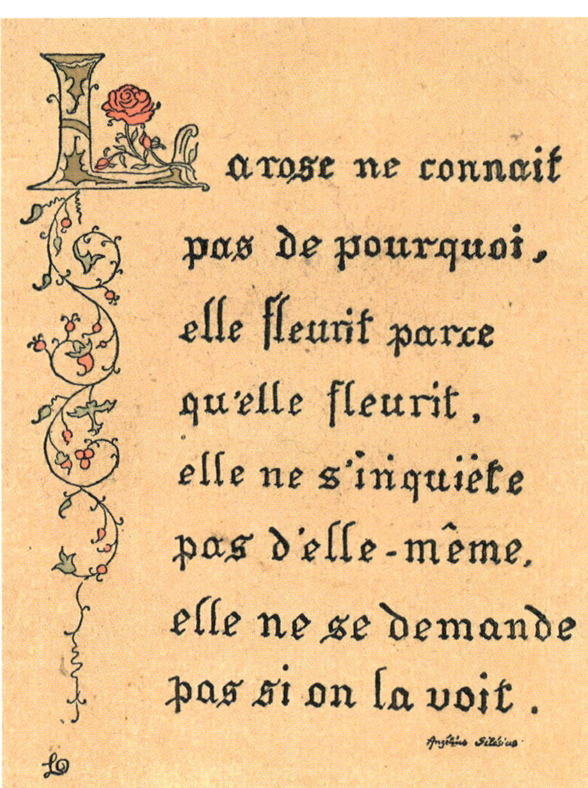

Gedicht von Angelus Silesius

Deutscher Originaltext:

»Die Ros` ist ohn' Warum,
sie blühet, weil sie blühet,
Sie acht't nicht ihrer selbst,
fragt nicht, ob man sie siehet.«

Aus »Der cherubinische Wandersmann«

Die Mystische Rose ist das erste Symbol, das mich inspiriert hat

Die Rose… Ich bin mir dessen bewusst, welch ein Privileg es war, ihr so früh auf meinem geistigen Weg begegnet zu sein. Sie erweckte ein Entzücken in mir, das mir große und tiefe Wahrheiten enthüllte.Mit ihr drang ich nach und nach in Regionen vor, in denen sich die Harmonie und die Ordnung der Welt offenbaren. Deshalb habe ich sicherlich eines Tages spontan einen Zirkel genommen, einen Kreis gezogen und ihn in sechs gleich große Abschnitte geteilt… Ich hatte ganz einfach die geometrische Form gezeichnet, die man Rosette oder Mystische Rose nennt, denn sie hat tatsächlich diese Form. Die Reichhaltigkeit dieser Figur, die in aller Welt bekannt ist, habe ich Jahre lang erforscht.

Ich war von ihrer vollkommenen Form fasziniert, und sie wurde für mich ein Kleinod. Ich habe sie in meinem Zimmer an der Wand aufgehängt, und wenn ich sie bewunderte, versetzte sie mich in einen Zustand von Frieden, Harmonie und Glückseligkeit, den nichts erschüttern konnte. Ich hatte sie in meiner Seele verborgen und habe sie unaufhörlich mit meiner Liebe übergossen.

Rosette »Mystische Rose«

Stilisierung der Rose, sie repräsentiert die Sonnenscheibe und kommt aus der Symbolik des Kreises, des Rades und einiger sonnenförmiger Blüten (wie Wildrose, Margerite, Kamille und Sonnenblume) hervor.

Ohne dass ich es wollte, ist dieses Symbol aus der weiten Vergangenheit in mir aufgetaucht. Ich habe es unaufhörlich gezeichnet, es sprach mich an. Ich ging so weit, dass ich ein System entworfen hatte, das es kreisen ließ, und dann vibrierte und strahlte es, das war wunderbar. Instinktiv hatte ich begriffen, dass ein Symbol wie ein Samen ist, den man in sich säen und wachsen lassen muss, indem man ihm Wasser, Wärme und Licht gibt. Nach und nach sah ich seine Blumen erscheinen, und noch heute ernte ich seine Früchte und nähre mich von ihnen.

Die Darstellung der Mystischen Rose setzt sich aus drei Teilen zusammen: drei Blumen, die ineinander übergehen und den drei Ebenen entsprechen (physische, astrale und mentale Ebene). Sie ist also eine Synthese des menschlichen Wesens mit seinen Aktivitäten. Wenn man den Linien einer der Blumen folgt, geht man einen Weg, der sich von dem Weg der beiden anderen Blumen unterscheidet, sobald man deren Linien folgt. Das Herz der drei Blumen, das Herz der Rosette, ist die Sonne, unser höheres Ich. Wenn wir an den Rand der Blütenblätter gehen, entfernen und nähern wir uns abwechselnd dem Zentrum.

Man findet die dreifache Rosette auch im physischen Körper. Wo? In der Hand. Schaut euch eure Hand an: wenn ihr den Verlauf der eingeprägten Linien verlängert, stellt ihr fest, dass sie Kreise bilden. Der größte Kreis ist die Linie, die Saturn entspricht. Bei jedem Menschen sind diese Linien verschieden, und jede einzelne Linie verfügt folglich nur über einen Abschnitt der ganzen kosmischen Rose. In der vollkommenen Rosette kann man die Struktur des Universums lesen, sie ist die perfekte Hand Gottes.

Die Mystische Rose ist das erste Symbol, an dem ich wirklich gearbeitet habe. Zu der Zeit habe ich das ohne besondere Kenntnis gemacht. Ich war so jung! Jedes Mal, wenn ich diese Figur bewunderte, überwältigte mich ein tiefes Gefühl der Fülle. Ich identifizierte mich mit ihr und fühlte mich auf die Bewusstseinsebene projiziert, auf der uns die Mysterien des Ursprungs enthüllt werden.

Zweifellos deshalb fand ich eines Tages, dass etwas an der Rose, die ich wieder einmal gezeichnet hatte, fehlte. Ich suchte und ein plötzlicher Impuls ließ mich die ersten Verse des Johannes-Evangeliums darunter schreiben: »Am Anfang war das Wort, und das Wort war bei Gott, und das Wort war Gott. Dasselbe war am Anfang bei Gott. Alle Dinge sind durch dasselbe gemacht, und ohne dasselbe ist nichts gemacht.« Warum diese Verse? Hatte ich eine besondere Verbindung zu ihnen? Zweifellos. Mein Leben lang habe ich nachher weiterhin über sie meditiert und sie vertieft.

Heute weiß ich, weswegen ich meine Zeichnung damit ergänzt habe.

Hier erscheint wiederum die Beziehung zwischen dieser Blume, der Rose und der geometrischen Figur der Rosette. Die ersten Verse vom Evangelium des Johannes, die die Erschaffung der Welt erwähnen, erinnern auch an den ersten Vers des 1. Buches Mose, der Genesis: »Am Anfang schuf Gott den Himmel und die Erde«, auf Hebräisch: »Bereschit bara Elohim eth ha-schmaim ve-eth ha haretz.« Das hebräische Wort Elohim wurde mit Gott übersetzt. Aber Elohim ist eine Mehrzahl und ist der Name der Engelhierarchie, die in der Sephira Netzach wohnt und dem Planeten Venus angehört. Die Elohim, die die christliche Religion Fürstentümer nennt, haben also die Erde erschaffen und wachen über ihre Entwicklung und die Menschen, die auf ihr wohnen. Seht ihr, eine Rose kann uns sehr weit führen.

Die Himmelsrose

Dante und Beatrice kontemplieren das Empyreum (den höchsten Himmel, den Wohnort Gottes und der himmlischen Heerscharen).

Illustration von Gustave Doré für »Die göttliche Komödie« von Dante Alighieri (1868).

Die Rosen kommen von der Venus

Eine Überlieferung besagt, dass die Rosen Wesenheiten sind, die von dem Planeten Venus stammen; sie haben es akzeptiert, sich auf der Erde zu inkarnieren, um den Menschen zu helfen. Aber wer kennt diese Mission der Rosen? Man bedient sich ihrer, um Gärten und Wohnungen zu schmücken, um einen Mann anzuziehen oder eine Frau zu verführen. In Wirklichkeit ist die Rose hier, um uns den Weg der wahren Liebe zu zeigen. Das ist die Rolle und die Botschaft der Rose.

Wenn die Rose als Königin der Blumen gilt, so deshalb, weil sie uns die wahre Liebe lehrt, die Liebe, die nicht gefangen hält, die Liebe, die befreit. An dem Tag, an dem die Menschen das Opfer verstehen, das sie gebracht hat, indem sie zu ihnen kam, an dem Tag, an dem sie einverstanden sind, ihre Botschaft anzunehmen, werden sie ihr vielleicht ähnlich: Überall, wo sie vorbeigehen, werden sie die Atmosphäre mit einem köstlichen Duft erfüllen.

Die Ankunft der Engel
Rupert Bunny (1897)

Die Rose ist eine Gabe von der Venus an die Erde

Die Ernte der Rosen
durch bulgarische Mädchen im Tal der Rosen

Die Rosen, die in Bulgarien angebaut werden, sind bemerkenswert in ihrer Farbe, ihrem Duft, ihrer Größe und ihren samtigen Blütenblättern sowie in der Länge ihrer Blütezeit. Die Ursache davon ist vielleicht der Boden und die tellurischen (erdelektrischen) Strömungen, die dort vorhanden sind. In einigen Regionen liegt der Duft der Rosen in der Luft, und nicht ohne Grund sind die bulgarischen Rosen in der ganzen Welt bekannt.

Ich habe mich schon sehr früh von den Rosen und ihrem Duft angezogen gefühlt: Ich habe sie eingeatmet, ich habe lange bei ihnen verweilt und sie bewundert... Bis ich eines Tages den Duft einer Rose eingeatmet habe, der so stark, so berauschend war, dass ich meinen Körper dabei verlassen habe. Ich fühlte mich in den Raum projiziert, wo ich eine ganze Welt von Licht, Schönheit, Inspiration und Freude entdeckt habe. Fortan habe ich mich bemüht, diese Erfahrung zu wiederholen.

Derjenige, der von einem mächtigen Verlangen beseelt ist, der findet spontan und instinktiv Mittel, die ihm ermöglichen, sein Ziel zu erreichen. Auf diese Weise fühlte ich, dass mir die Rosen in meinen Meditationen und Übungen helfen könnten.

Aus welch einer weit entfernten Vergangenheit, aus welch einer tief in mir verborgenen, unbeleuchteten Wissenschaft dieser Impuls kam, das weiß ich nicht: Beim Meditieren habe ich eine Rose gewählt, von der ich fühlte, dass ihre Frische, ihre Form, ihre Farbe und ihr Parfüm mich sehr hoch erheben, mich sehr weit aufsteigen lassen würden. Ich habe sie als ein lebendiges Geschöpf des Himmels angesehen, das sich für mich geopfert hat, um mir den Weg zu zeigen; und ich bat sie, mich zu lehren, wie ich alle ihre Tugenden, die sie in der geistigen Welt besitzt, erwerben kann.

Die Rosen sind schön auf der Erde, aber wie viel schöner noch sind sie oben in der unsichtbaren Welt. Denn das Wesen, das hier unten einen Körper hat, wohnt in Wirklichkeit in den feinstofflichen Regionen. Die Betrachtung einer Rose, ihr berauschendes Parfüm, entriss mich der physischen Welt. Dann durchquerte ich die ätherische Ebene, indem ich mich bemühte, nicht auf ihr zu bleiben, dann die astrale und mentale Ebene, wo ich aber auch nicht blieb. Schließlich erreichte ich die Kausalebene, dort traf ich die Rose, die wahre Rose, welche von den Wesen auf der Venus, den Elohim in der siebten Sephira – Netzach, im kabbalistischen Lebensbaum – gestaltet worden ist.

Das Fest der Rose
Henry Siddons Mowbray (1887)

Die Rose ist eine Gabe von der Venus an die Erde. Ihr werdet sagen: »Aber wie konnten die Rosen vom Planeten Venus hierher kommen? Die atmosphärischen Bedingungen, die dort herrschen, machen jegliches Leben unmöglich!« Gewiss, das weiß ich, aber für die Einweihungswissenschaft sind die Planeten nicht nur jene physischen, materiellen Körper, die von der Astronomie erforscht werden. Für die Einweihungswissenschaft sind die Planeten Übergangswege, Verbindungen zwischen den kosmischen Strömungen und der Erde. Durch die Übermittlung der Planeten erhält die Erde Strömungen und Einflüsse, deren Quelle Gott selbst ist.

Deshalb assoziiert man seit Menschengedenken die Planeten mit Qualitäten und Tugenden. Alle Planeten sind Speicher von Energien, die den Raum durchqueren und sich ihrer Beschaffenheit entsprechend in der einen oder anderen Form auf der Erde kondensieren.

Die Rosen sind Empfänger von Strömungen, die von der Venus kommen, von den Strömen der Liebe. Wenn wir uns den Rosen nähern, empfangen wir diese Liebe. Die Liebe, die sich in ihnen verkörpert, warum sollte man ein solches Geschenk ablehnen?

Foto: iStock/wakila

Die Rose, der Weg der wahren Liebe

Es fällt mir schwer zu erklären, was der Anblick einer Rose in mir hervorruft. Ich habe die Empfindung, mit ihr zu leben, mit ihr zu schwingen, und ich nähre mich von etwas, das aus der göttlichen Welt herabströmt. Dem Anschein nach ist sie ganz klein, aber in mir ist sie groß, denn sie bringt so viele Dinge mit sich!

Sie lächelt mir zu, und auch ich betrachte sie mit Liebe, ich bitte sie, in mich einzudringen, um andere Rosen in meinem Herzen und in meiner Seele zu erwecken, denn sie hat diese Macht. Darum möchte ich den werdenden Müttern Folgendes empfehlen: Während ihr euer Kind austragt, sucht von Zeit zu Zeit Rosen auf – oder sogar nur eine Einzige – meditiert bei ihr und bittet sie, dieses Kind, das in euch lebt, zu beeinflussen. Die Geister der Rosen sind Wesenheiten, die bereit waren, sich auf der Erde zu inkarnieren, um den Menschen zu helfen, und mit welch einer Freude werden sie eurer Bitte nachkommen!

Foto: iStock/BraunS

Und wenn ich mich jetzt an eine Rose wende: »Oh geliebte Rose, wer hat dir deine Farbe und deinen Duft verliehen?... Wer hat dich belehrt?«, wird sie antworten: »Das ist ein Wesen, das die Menschen jeden Tag sehen, ein Wesen, von dem sie ständig Segnungen empfangen, wofür sie aber nicht die geringste Dankbarkeit zeigen. Ich bin in der nährenden Erde verwurzelt, aber nicht die Erde macht mich zu dem, was ich bin: Es ist die Sonne, die Quelle des Lebens. Sie verleiht mir meine Farben und meinen Duft, und sie lehrt mich, diesen Duft zu verbreiten.« Eine Rose ist schweigsam und doch so beredt! Durch ihre Emanationen übermittelt sie uns beständig diese Botschaft: »Wendet euch der Sonne zu und werdet wie ich.« Wenn man die Wellen messen könnte, die sie aussendet, wäre man erstaunt über die Anstrengungen, die sie unternimmt, um uns zu beeinflussen.

Welch ein Mysterium ist eine Rose! Ihre Farbe ist die der spirituellen Liebe, ihre Form der Ausdruck vollkommener Harmonie, ihr Duft ist der der Reinheit.

Stockrosen
Eastman Johnson (1876)

Rosen im Garten
Abbott Fuller Graves (1859–1936)

Aber wie viele von denen, die in ihrem Garten Rosen wachsen lassen oder die ihr Zuhause mit Rosensträußen schmücken, ahnen was die Rose wirklich erschließt? Sie nehmen sie nur in Anspruch, um zu verschönern oder zu verführen. Warum suchen sie nicht durch sie den Weg der wahren Liebe, der Liebe, die nicht vereinnahmt, der Liebe, die befreit?... Indem wir nur ein Blütenblatt berühren, können wir uns mit den Wesenheiten verbinden, die bereit waren, sich in der Rose zu inkarnieren, um uns zu inspirieren und uns ungeahnte Horizonte zu eröffnen. Für ein aufgeklärtes Bewusstsein wird ein einfaches Blütenblatt einer Rose der Ausgangspunkt größter spiritueller Verwirklichungen. Ohne Bewusstsein hingegen geht man am Wertvollsten vorbei, und man verarmt.

Die Rose, Symbol des Rosenkreuzes

Ich spreche gerne über die Rose, denn diese Blume ist mit so vielen tiefen und poetischen Dingen verbunden, die ich erlebt habe! Ich fühle, dass die Wesen, die an ihr arbeiten, fortfahren, selber den Gedanken der Schönheit und der Vollkommenheit hervorzubringen und aufblühen zu lassen. Ich danke ihnen und verspreche, dass ich auf die eine oder andere Weise etwas für alle Rosen auf der Erde tun werde, ihre Existenz zu verbessern und zu ihrem Ruhm beizutragen, selbst wenn sie bereits im Symbol des Rosenkreuzes verherrlicht sind.

Das Symbol des Rosenkreuzes ist eine rote Rose im Zentrum eines Kreuzes: diese Rose, das Herz, das vollkommen entwickelte Herz-Chakra im Menschen, das als sublimiertes Kreuz betrachtet wird. Dieses Chakra entwickelt der Mensch durch die Liebe, deren Farbe und deren Duft diejenigen der Rose sind. Die Rose ist also das Symbol des Eingeweihten, dem es dank der Arbeit, die er an sich selber verwirklicht hat, gelungen ist, in sich die Liebe des Christus, die göttliche Liebe, die Liebe, welche die Materie belebt und verwandelt, zu entwickeln. Ein Adept des Rosenkreuzes zu sein, das bedeutet: Alle Geheimnisse zu kennen, die mit dem Kreuz verbunden sind, aber auch alle diejenigen der Rose, die im Zentrum des Kreuzes erblüht.

Die Rose im Kreuz, das ist das vollkommene Menschenwesen, das nicht nur die Kenntnis aller Elemente hat, aus denen es besteht, und ihrer Verbindungen mit dem Kosmos, sondern das auch fähig ist, die Liebe des Christus hervorzubringen und zu verströmen. Wer auf diesem christlichen Wege wandelt, wird ein Rosenkreuz, selbst wenn er nicht als Mitglied dieser Gemeinschaft eingetragen ist.

Das Rosenkreuz nach dem Orden »Golden Dawn«
Bild von Miranda Payne

Die 22 Blütenblätter der Rose, jedes in einer anderen Farbe, entsprechen den 22 Buchstaben des hebräischen Alphabets.

»Per crucem ad rosam« (»Durchs Kreuz zur Rose«) ist das Motto des Rosenkreuz-Ordens, dessen Gründer Christian Rosenkreutz ist.

Die Rosen haben mir vieles offenbart

Es scheint, als sei eine Rose keine große Sache, doch in Wahrheit hat sie die Kraft, uns mit der Venus zu verbinden. Schon ein einziges Blütenblatt ist mit ihrer Quintessenz durchdrungen. Indem wir eine Rose anschauen, indem wir sie lieben, übertragen wir ihr unseren Magnetismus, und sie wiederum vermittelt uns ihrerseits etwas: Sie verbindet uns mit den Bewohnern aus der Sphäre der Venus, die höher entwickelt sind, als jene der Erde. Das ist einfach nur das Prinzip der Magie: Eine Rose ist nicht die Venus, und trotz ihrer Schönheit und ihrem Duft ist es nicht sie, bei der wir uns aufhalten sollten; wir sollten sie vielmehr lediglich als Vermittlerin zwischen uns und höheren Wesenheiten betrachten. Diese Wesenheiten antworten uns durch die Rose, indem sie uns entdecken lassen, was Liebe, was Schönheit und was Anmut ist.

Es sind die irdischen Dinge, durch die wir mit der Essenz der spirituellen Welt in Verbindung treten können. Wenn wir Gold berühren, das von denselben Schwingungen belebt wird wie die Sonne, kommen wir mit dem Geist der Sonne in Verbindung. Und wenn wir den Duft der Rose einatmen, wenn wir sie berühren, verbinden wir uns mit der Venus, die uns ihre Liebe schenkt, die spirituelle Liebe, wodurch auch unsere Liebe poetischer, reiner, weiter und intensiver wird. Was habe ich alles gelernt, allein durch die Meditation mit einer Rose! Ich konnte mich mit ihrem Geist verbinden, ich sprach mit ihr, wie ich es mit einem lebenden Wesen tue. Ich habe sie darum gebeten, dass sie meine Seele der ihren angleiche, sie durchtränke mit ihrer Quintessenz, damit auch meine Seele eine Blume im Garten Gottes werde, an der sich die himmlischen Wesen erfreuen können, die gern die Erde besuchen.

Die menschliche Seele
Luis Ricardo Falero (1894)

Denn diese Wesenheiten freuen sich auf ihrer Durchreise an den Blumen: reine, lichtvolle Seelen. Sie kümmern sich um sie und beschützen sie, um sie nur noch schöner zu machen.

Die Rose wurde lebendig, weil ich sie liebte. Es war, als ob ein schlafendes Geschöpf gerade langsam auf seinem Blütenblätter-Bett erwachte und mich anlächelte. Ja, genau wie im Märchen. Märchen sind nicht einfach nur nette Geschichten für Kinder, sie bringen im Gegenteil sehr reale Begebenheiten des Inneren zum Ausdruck. Dank der Essenz, mit der sie durchdrungen sind, haben mich die Rosen schon sehr früh mit der Gegenwart von Wesenheiten in Verbindung gebracht, die ich von da an stets in mir trage. Einmal passierte es, dass ich den Duft einer Rose einatmete, direkt nachdem ich drei Tage lang gefastet hatte: Ich wurde durchflutet von wirbelnder Energie, ich spürte wie sie mich durchdrang durch jede Pore meiner Haut.

Wenn mir damals schon die Rosen so viele Dinge enthüllt haben, so haben sie mir in den darauffolgenden Zeiten nur noch mehr offenbart. Derart viele kleine Dinge können in den großen Dingen versteckt sein! Aber um sie zu entdecken, reicht es nicht, sich bei den Formen aufzuhalten, man muss immer nach dem Prinzip suchen, nach dem Geist hinter den Formen. Genau so habe ich, ebenfalls durch die Rosen, langsam gelernt, wie ich besser wahrnehmen kann, was die Essenz eines Lebewesens ist, um mich besser mit ihm austauschen zu können. Und ich wünsche mir so sehr, euch das auch zu vermitteln!

Dem ersten Anschein nach ist eine Rose Form, Farbe, Duft... Aber ich wollte mich nicht damit aufhalten, ich wollte diese Form, diese Farben, diesen Duft auch in mir erwecken. Wir können es uns zur Gewohnheit machen, uns der Wirkung, die Wesen und Dinge auf uns haben, stets bewusst zu sein. Das erweitert unsere Sensibilität und somit auch unser Verständnis. Aber auch dies hat mir noch nicht genügt, und so habe ich mich auf die Kräfte und die Intelligenz konzentriert, die, ausgehend von einer Struktur, von einem Modell, dieses lebende Wesen geschaffen haben, das wir Rose nennen. Daraufhin habe ich gelernt, mich in dieser Weise in alle Wesen und Gegenstände zu vertiefen, die mir begegneten.

Was mir die Rose auch noch gesagt hat: »Du solltest Dich nicht allein an meiner Erscheinung aufhalten, sondern auch versuchen herauszufinden, aus welchen Essenzen ich gemacht bin, und wie ich sie zubereite und destilliere. Wem es gelingt zu verstehen, wie ich arbeite, der wird die gleiche Arbeit auch in sich vollbringen können. Er wird die Substanzen, die sich dort befinden, destillieren und daraus Düfte herstellen, die die Atmosphäre mit Wohlgeruch erfüllen.« Riecht man diesen Duft wirklich? Vielleicht nicht sofort, aber mit Geduld ist es möglich, diese geistigen Emanationen wahrzunehmen. Habt ihr niemals bemerkt, dass aus manchen lasterhaften, abartigen Wesen etwas Ekelerregendes ausströmt, während man bei reinen Wesen, die voller Liebe und Licht sind, meint, einen köstlichen Duft wahrzunehmen?

Wenn Menschen sich versammeln, um zu beten, kann es sein, dass die Natürlichkeit ihrer Herzen und die Inbrunst, mit der sie beten, gewisse Regionen der spirituellen Welt berührt und die dort wohnhaften Wesen ihnen mit Rosenduft antworten. Das wusste mit Sicherheit auch die kleine Heilige Theresa vom Kinde Jesu, die gesagt hat, dass sie nach ihrem Tod Rosen auf die Erde herniederregnen lassen würde... Ich mag sie sehr, die kleine heilige Theresa.

Die heilige Theresia von Lisieux

Die Heilige Theresa von Lisieux (auch »Heilige Theresa vom Kinde Jesu« genannt) lebte von 1873 bis 1897. Diese mit 24 Jahren verstorbene kontemplative Schwester aus dem Orden der Karmeliter gab ihrer Lebensgeschichte den Titel »Die Geschichte einer Seele, von ihr selbst geschrieben« und »Die Geschichte einer kleinen weißen Blume«.

Sie öffnete für sich und tausende von Seelen ihren Weg, den sie »Den kleinen Weg« nannte. Dort sagt sie:

»Wie würde ich meine Liebe bezeugen, da ja die Liebe sich durch ihre Werke zeigt? Oh ja! Das kleine Kind wird Blumen streuen...«. Es wird mit seinen Düften den göttlichen Thron einhüllen, es wird mit seiner silberhellen Stimme Lieder der Liebe anstimmen!

Ja, mein Vielgeliebter, auf diese Weise wird mein vergängliches Leben sich vor Euch aufzehren. Ich habe kein anderes Mittel, um Euch meine Liebe zu beweisen, als Blumen auszustreuen: das soll heißen, kein noch so kleines Opfer zu unterlassen, keinen Blick und kein Wort, aus den geringsten Handlungen Nutzen zu ziehen und sie mit Liebe ausführen. Ich will durch Liebe leiden und mich auch mit Liebe erfreuen. Auf diese Weise werde ich Blumen vor Deinen Thron streuen. Ich werde nicht einer begegnen, ohne für euch einige Blütenblätter abzuzupfen... und dann werde ich singen, ich werde immer singen, selbst wenn ich meine Rosen inmitten von Dornen pflücken muss.«

Theresia von Lisieux

»Jesus hat vor meinen Augen das Buch der Natur ausgebreitet und ich habe verstanden, dass all die von ihm erschaffenen Blumen schön sind, dass der Glanz der Rose und das Weiß der Lilien nichts vom Duft der kleinen Veilchen fortnimmt, und dass die bezaubernde Einfachheit des Gänseblümchens ihnen gleichkommt. Ich habe verstanden, dass, wenn all die kleinen Blumen Rosen sein wollten, die Natur ihren Frühlingsschmuck verlieren würde, die Felder wären nicht mehr von Blümchen geschmückt.«

Theresia von Lisieux

Die Rose mit dem Geist erkennen

Der Intellekt ist eine Fähigkeit, die es uns erlaubt, die physische Welt kennenzulernen – und ein klein wenig von der psychischen Welt – aber mehr nicht. Er alleine kann uns nicht die Wahrheit des Lebens enthüllen.

Nehmen wir das sehr einfache Beispiel einer Rose. Eine Rose zu kennen, bedeutet nicht nur, ihre Form, ihre Farbe und ihren Duft wahrzunehmen. Eine Rose ist auch eine feinstoffliche Emanation, eine Präsenz, die man nicht mit dem Intellekt erfassen kann. Die Rose zu erkennen bedeutet, die Gesamtheit aller Elemente, die sie zu einer Rose und nicht zu etwas anderem machen, zu fühlen. Umso mehr gilt dies für den Menschen: Das Erkennen eines Menschen setzt voraus, dass man alle Elemente, aus denen er besteht, von seinem Geist bis zu seinem physischen Körper, zusammenführen kann. Solange dies nicht gelingt, kann man nicht behaupten, man kenne ihn und besitze die Wahrheit über ihn. Denn die Wahrheit, die absolute, endgültige Wahrheit über ein Wesen, liegt in seinem Geist und kann nur vom Geist erkannt werden.

Mohn, Lilie und Rose
John Singer Sargent (1885)

Jede Rose sucht einen Übersetzer, der ihre Sprache versteht

Wenn ich mich mit den Rosen beschäftige, atme ich nicht nur ihren Duft ein, sondern ich höre ihnen auch zu. Und was sagen sie? Dass sie darauf warten, dass mehr und mehr Menschen sie verstehen und ihre Gedanken übersetzen, genauso wie ich es im Moment mache. Jede Rose sucht einen Übersetzer, der ihre Sprache versteht. »Wir haben gemeinsam beraten«, sagte sie mir, »und wir glauben, dass die Zeit kommt, wo man uns besser verstehen wird.« Wie ihr seht, denken die Rosen, dass ich ihr Dolmetscher sein kann, und sie bitten mich, meine Aufgabe fortzusetzen. Hier ist das, was ich euch sage, wiederum nicht nur Poesie, sondern eine Tatsache.

Man bringt mir oft Rosen, stellt sie auf meinen Tisch, und man hat auch Rosen in meinem Garten gepflanzt. Wenn mich jemand besucht, schenke ich ihm manchmal eine Rose oder vielleicht nur ein abgefallenes Rosenblatt. Das mache ich ganz bewusst, indem ich die Rose oder das Rosenblatt mit geistiger Energie auflade.

Die Seele der Rose
John William Waterhouse (1908)

Wer seine Antennen entwickelt hat, der fühlt, dass die Rose oder das Rosenblatt ihn zu dem Geschöpf führen kann, das die Rosen erschaffen hat. Ja, sogar nur ein einziges Blütenblatt. Die Rose hat die gleiche Schwingung wie diese Geschöpfe. Ein Gegenstand, egal wie winzig er ist, kann mit großer Macht versehen werden, denn es kommt auf die Intensität der Gedanken und Gefühle an, die man ihm einflößt und nicht auf die Größe des Gegenstands. Wenn ich mit euch rede, stehen oft eine oder mehrere Rosen vor mir auf dem Tisch, und alle meine Worte registrieren sich auf ihren Blütenblättern. Manchmal haben sie so zarte, so delikate Farben, dass ich es nicht lassen kann, sie zu streicheln, als wären sie die Wange eines Kindes.

Die Rose stellt etwas so Erhabenes, etwas so Wertvolles für mich dar, dass, wenn ich meinen Freunden gute Gedanken schicken will, egal wo sie sich befinden, tue ich das in Form von Rosen. Wann werden sie diese erhalten? Das hängt von ihnen ab. In dem Moment wo sie sie erreichen, wissen sie sicherlich nicht, was das ist und woher das kommt, aber plötzlich werden sie ein Leuchten, einen Duft, einen Frieden, eine Freude spüren.

Annemarie Peter-Jaumann
Gloria Dei II

Ich sage euch nichts, was ich nicht selbst ausprobiert habe. Das Verlangen nach himmlischer Schönheit, das ich seit meiner Jugend habe, hat mir gezeigt, dass man über die Rosen mit spirituellen Wesen Kontakt aufnehmen kann und dort im Licht, in der Unendlichkeit und in der Herrlichkeit Freuden empfinden kann, die, glaube ich, mir kein menschliches Wesen geben könnte. Ich behaupte nicht, dass man diese Art der Liebe leicht erreichen und vor allem verwirklichen kann, aber es ist möglich.

Die »Konjunktion« der roten und der weißen Rose in der Alchimie

Die rote Rose
Ich bin das Elixier der Farbe Rot, und ich verwandle alle ungeläuterten Körper in das reinste und wahrhaftigste Gold.

Die weiße Rose
Ich bin das Elixier der Farbe Weiß, und ich verwandle alle ungeläuterten Körper in das reinste Silber.

Illustrationen und Texte aus:
»Alchemie und Mystik. Das hermetische Museum«
von Alexander Roob, Taschen Verlag

»Weiße Rose« und »Rote Rose« sind Namen, die man in der Alchimie den Färbungen des Christus-Lapis (Stein der Weisen) gibt: der lunaren (mondhaften) Färbung und der sonnenhaften Färbung, aus welcher die »rosenrote Heilig-Blut-Farbe« des Christus-Lapis kommt.*

O. M. Aivanhov

Opus Magnum
(»Großes Meisterwerk« in der Alchimie)

Aus dem illustrierten Manuskript »Slendor solis« von Solomon Trismosin, 16. Jahrhundert, London.

* Für den Stein der Weisen gibt es verschiedene Namen, manche weisen auf die rote Farbe hin, z.B. »Roter Löwe« oder »Roter Drache«. Eine weniger vollkommene Variante des Steins, die unedle Metalle in Silber verwandeln kann, hat Namen, in denen die Farbe Weiß vorkommt, z.B. »Weißer Löwe«.

Das ewige Leben ist, ohne Unterlass zu blühen

Die Pflanze als Brücke zu höherem Sein

Die Musik der Sphären

Derjenige, der mit der Weisheit arbeitet (die ewige Harmonie), mit der Liebe (die ewige Melodie), mit der Wahrheit (die ewige Symphonie), mit der Musik der Sphären, die nur wenige große Meister hören konnten, der bringt Weizen, Blumen und Früchte hervor und alles, was im Leben wunderbar ist.

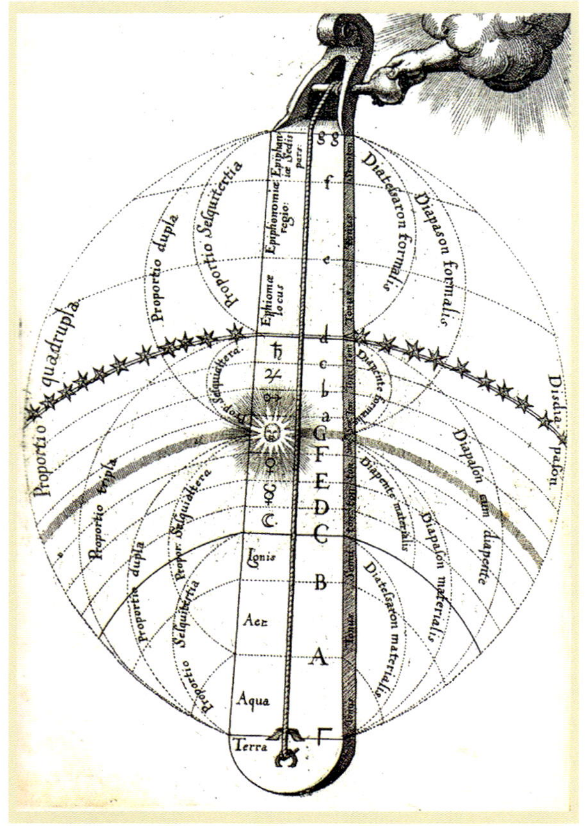

Die Sphärenmusik*
Robert Fludd (1617)

* Der englische Philosoph Robert Fludd zeichnete das einsaitige Musikinstrument »Monochord«. Es besteht aus einem länglichen Resonanzkasten, über den der Länge nach eine einzige Saite gespannt ist. Je nachdem, an welcher Stelle man die Saite zupft, erklingen zum Ausgangston Akkorde wie Terzen, Quinten und Oktaven – meist mehrere gleichzeitig – und färben den Klang des Grundtons; sie bilden Obertöne. Beim so entstandenen Einklang kann man die Akkorde nicht mehr sofort hörbar vom Ausgangston unterscheiden. Robert Fludd legte in seiner Zeichnung dar, wie das Zusammenspiel der Töne des Monochords mit dem Zusammenspiel der Töne der Sphärenmusik zusammenhängt. So veranschaulicht er, wie die natürlichen Grundlagen der Musik mathematisch genau den Bausteinen der Weltordnung entsprechen. An der Spitze der Zeichnung wird dargestellt, wie eine überirdische Hand an der Grundstimmung dreht. Robert Fludd sagt, das Monochord stelle ein Grundprinzip dar, das von dem Zentrum aus, an dem es sich befinde, allen Lebensformen ermögliche, im Einklang zu schwingen. Gott regle den »Großen Akkord«. Das Instrument bestehe aus einer aktiven hohen Oktave und einer passiven niederen Oktave, die in Quarten und Quinten unterteilt seien. Das immaterielle (geistige) Prinzip, das oben sei, bewege sich entlang der Intervalle bis in die Materie, die unten sei. Die Sonne spiele die Rolle des Transformators an der Schnittstelle der Beiden. (Quelle: http://aqua-permanens.blogspot.de/2011/01/les-12-signes-du-zodiaque-2.html)

Ein Gedanke von Peter Deunov

»Jeder Mensch, der zum Lernen auf die Erde gekommen ist, ist nur eine Blume, die aufblühen, Früchte bilden und reifen muss. Die Blüte und die Frucht sind Reichtümer, die er in der ganzen Welt verteilen soll. Dann kommen aus allen Ecken der Welt fleißige Bienen, holen den Honig und tragen ihn in ihre Bienenstöcke.

Jeder Gedanke ist eine Blume, die im Intellekt blüht.

Jedes Gefühl ist eine Blume, die im Herzen blüht.

Jede Tat ist eine Blume, die im Körper blüht.

Wenn der Mensch in seinem Intellekt, in seinem Herzen und in seinem Körper nicht blüht, kann er nicht gesund sein.

Das ewige Leben bedeutet, unaufhörlich zu blühen, Früchte zu bilden, sie reifen zu lassen und diese Früchte zu nutzen: Für dich und deinen Nächsten.«

Peter Deunov

Honigbiene auf Löwenzahn
Foto: O. Fehrle

Der Baum als Sinnbild des Menschen

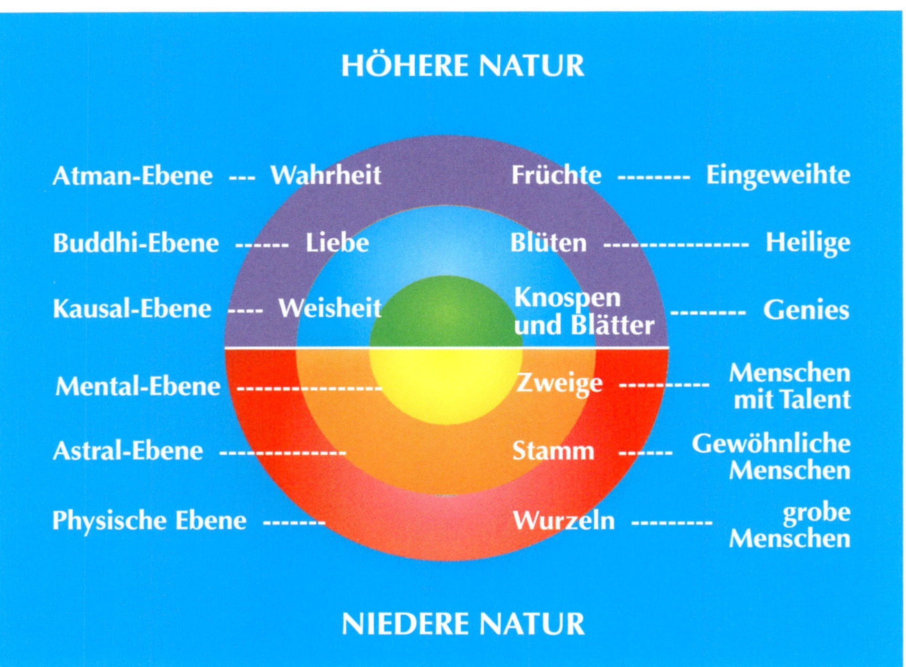

Ihr seht, dass dieses Schema zunächst die verschiedenen Kategorien von Menschen darstellt: die groben, ungeschliffenen Menschen (physische Ebene), die gewöhnlichen Menschen (Astral-Ebene), die talentierten Menschen (Mental-Ebene), die Genies (Kausal-Ebene), die Heiligen (Buddhi-Ebene), die großen Meister (Atman-Ebene).

Zu bestimmten Jahreszeiten fallen die Blätter, die Blüten und die Früchte vom Baum; es bleiben nur die Zweige, der Stamm und die Wurzeln, die immer da sind. Auf die gleiche Weise mangelt es in der Welt niemals an groben, ungeschliffenen, an gewöhnlichen und an talentierten Menschen. Genies, Heilige und große Meister hingegen gibt es viel seltener. Im Winter bleiben vom Blätterwerk, von den Blüten und den Früchten des Sommers nur noch die Erinnerung an ihre Farben, ihren Geschmack und ihren Duft; all diese Schönheit bleibt im Gedächtnis eingraviert. Das Gleiche gilt für die Genies, die Heiligen und die großen Meister; noch lange nach ihrem Verschwinden spricht die Menschheit von ihren Werken und der Freude, die sie um sich verbreitet haben. Auf der Erde haben die Liebe, Weisheit, Schönheit und Wahrheit keine guten Daseinsbedingungen. Genies, Heilige und große Meister besuchen die Erde, um hier ihre Farben, ihren Duft und ihren Wohlgeschmack zu verbreiten, dann gehen sie wieder von dannen. Was dauerhaft auf der Erde bleibt, das ist Mittelmäßiges und Unschönes. Im Himmel jedoch sind die Blätter, die Blüten und die Früchte ewig, und alles Übrige ist vergänglich.

Jetzt vergleichen wir diese Menschen mit den verschiedenen Teilen eines Baumes. Die groben, ungeschliffenen Menschen befinden sich in den Wurzeln des Lebens, sie arbeiten unter der Erde. Die gewöhnlichen Menschen arbeiten im Stamm, sie lassen den Rohstoff, den andere umwandeln werden, durch sich hindurch. Die Menschen mit Talenten stellen die Zweige dar, die diesen Rohstoff zu den Blättern bringen; wurde mit diesem Stoff einmal genug gearbeitet, lassen sie ihn wieder hinabsteigen. Sie nehmen also, um der Menschheit zu geben, sie kümmern sich um den Austausch. Die Genies sind die Knospen, aus denen die Blätter wachsen; und genau dort beginnt die große Arbeit: Die Verarbeitung des rohen Saftes mit Hilfe der Sonnenstrahlen. Die Heiligen sind die Blüten des kosmischen Baumes; durch ihre Farben, ihre Schönheit und ihren Duft ziehen sie Schmetterlinge, Insekten, Vögel und Menschen an. Ihre Bestimmung ist es, Früchte zu bilden; dank ihnen wird das Leben rein und schön. Und die großen Meister schließlich sind die Früchte des kosmischen Baumes, die himmlische Nahrung, das »Himmelsbrot«; ihnen ist der Wohlgeschmack aller Säfte zu Eigen.

Drachenbaum
Archipel von Sokotra (Jemen)

Der Mensch stellt einen Baum dar, mit Wurzeln, einem Stamm, Zweigen, Blättern, Blüten und Früchten. Alle Menschen besitzen Wurzeln, einen Stamm und Zweige, aber sehr wenige unter ihnen werden vom Frühling besucht; die meisten sind Bäume ohne Früchte, ohne Blüten und sogar ohne Blätter, Bäume im Winter, trostlos, dunkel und schmucklos. Und doch existieren in jedem Menschen Lotusblüten; aber man muss viel arbeiten, großes Wissen besitzen und viel Zeit opfern, damit sich diese Blüten entfalten, ihren Duft verströmen und ihre Früchte bilden können. Die Früchte sind die Werke der verschiedenen Tugenden.

Je weiter man aufsteigt im Stamm, in den Zweigen und in den Blättern, desto mehr nimmt auch die Möglichkeit zu, sich zu bewegen; und ebenso nehmen das Licht, die Wärme und die Freude zu.

Blätter, Blüten und Früchte, das sind die Weisheit, die Liebe und die Wahrheit. Die Blätter stehen für die Weisheit, die Blüten für die Liebe und die Früchte für die Wahrheit. Mit großer Weisheit verwandeln die Blätter den rohen Saft in bearbeiteten Saft, so wie die Alchimisten die Metalle mit Hilfe des Steines der Weisen in Gold verwandelten. Die Blüten sind mit der Liebe verbunden, wir werden von ihren Farben, ihrem Duft und der reinen Materie ihrer Blütenblätter angezogen. In ihnen befindet sich der Nektar, den die Insekten trinken. Die Früchte schließlich stehen für die Wahrheit, die das Ergebnis der Vereinigung von Weisheit und Liebe ist.

General Sherman Tree

Riesenmammutbaum – Sequoia-Nationalpark Kalifornien (USA)
© Foto: Jim Bahn

Die Tierkreiszeichen und ihre Beziehung zum jahreszeitlichen Wandel der Natur

Die zwölf Aufgaben des Herkules sind nichts anderes als eine Darstellung des Durchlaufs der Sonne durch die verschiedenen Tierkreiszeichen, wenn wir jedes Zeichen als Etappe in der langsamen Verwandlung der Natur in einem Jahresablauf betrachten.

Herkules besiegt den minoischen Stier

Schloss Schwerin
Foto: Brian Suda/Flickr

Wenn die Sonne in den Widder eintritt, ist das der Frühlingsanfang, die Freisetzung der Naturkräfte, das Aufbrechen der Knospen. Dieser Schwung setzt sich im Stier und in den Zwillingen mit dem Erscheinen von Blättern und Blüten fort. Mit dem Zeichen Krebs beginnt der Sommer: Das Samenkorn bildet sich. Dann reift die Frucht (das Zeichen Löwe), und wenn sie gereift ist, erntet man sie (das Zeichen Jungfrau). Danach folgt der Herbst (die Zeichen Waage, Skorpion und Schütze): Man erntet die letzten Früchte, die Blätter fallen, die Vegetation stirbt und zersetzt sich. Schließlich kommt der Winter (die Zeichen Steinbock, Wassermann und Fische): Das Samenkorn liegt im Boden, wo es stirbt und sich der Erde anpasst. Aber aus diesem Zustand der Selbstentsagung werden neue Saaten für ein neues Hervorsprühen und ein neues Erblühen geboren. In jedem Zeichen erledigt die Sonne also bestimmte Arbeiten.

Diese Arbeit der Sonne an der Vegetation kann aus alchimistischer Sicht ausgelegt werden als die Umwandlung der Materie des »Großen Werkes«, die – so wie das Samenkorn – gegart wird, verfault, wieder aufersteht und so weiter. Die alchimistische Arbeit jedoch besteht nicht nur darin, die Materie des Großen Werkes umzuwandeln. Für den Schüler besteht die wahre alchimistische Arbeit darin, die Samen, die in ihm selbst ruhen, zu entfalten, genau so, wie die Naturkräfte die in der Erde ruhenden Samen wachsen lassen. Jedes Tierkreiszeichen besitzt einen positiven und einen negativen Aspekt. Der Schüler muss, wie Herkules, gegen jeden dieser negativen Aspekte kämpfen und stattdessen in sich die positiven Aspekte entwickeln.

Er muss gegen den Wolf und das Wildschwein des Mars kämpfen (Wildheit und Grausamkeit) und in sich den Wunsch nähren, die notwendigen Opfer für das Aufkeimen zu bringen.

Er muss die materielle Einstellung und die Sinnlichkeit des Stieres besiegen und seine Geduld, seine Hartnäckigkeit und seine Kraft erlangen.

Er muss gegen die schädlichen Neigungen der Zwillinge kämpfen, gegen den Intellekt, der schnell bereit ist zu täuschen, zu kritisieren und zu verleumden, aber immer bereit sein, den Weisungen von Liebe und Weisheit zu folgen.

Er muss die Emotionalität und die zwielichtige und ungeordnete Vorstellungskraft des Krebses beherrschen, die vom Mond begünstigt wird, aber ein Gespür für die spirituellen Strömungen entwickeln, den Wunsch haben, an seinem Leben zu arbeiten und alle Kräfte, die ihm gegeben sind, zu reinigen und zu läutern.

Er muss den hochmütigen Stolz und die Prahlerei des Löwen besiegen, aber seinen Edelmut, seine Größe und seine Aufrichtigkeit entwickeln.

Der vollkommene Mensch (Adam)

Adam ist umgeben von einer Mandorla, in deren Zentrum und Umkreis die Sternzeichen sind. Aus dem »Stundenbuch des Herzogs von Berry«.

Er muss die Engstirnigkeit, die Trockenheit und den Geiz der Jungfrau besiegen, aber ihre Reinheit, ihren Sinn für Ordnung und Methodik erlernen.

Personifikation der Astrologie
Il Guercino (um 1650-1655)

Er muss die Faulheit und die Unentschlossenheit der Waage besiegen und ihr Bedürfnis nach Harmonie und Schönheit entfalten.

Er muss die Eifersucht und sexuelle Leidenschaft des Skorpion besiegen und immer bereit sein, dem, was nieder ist, zu entsagen, so wie Jesus es lehrte, als er sagte: »Wer sein Leben erhalten will, der wird es verlieren« (Lk 9,24).

Er muss den Hang zur Auflehnung und zur Unbeständigkeit des Schützen bekämpfen, aber fähig sein, sich ständig bis zu Gott zu erheben, er braucht eine starke Philosophie, um die Festung der Eingeweihten, der Kinder Gottes verteidigen zu können. Der Schütze ist der Verteidiger, er steigt auf die Stadtmauern, wo er mit gespanntem Bogen Wache hält, um die Stadt der Söhne und Töchter Gottes zu beschützen.

Er muss den Hochmut, die Härte und die Unnachgiebigkeit des Steinbock besiegen, um durch Meditation und Kontemplation die höchsten spirituellen Gipfel zu erreichen.

Er muss den Individualismus und das Bedürfnis des Wassermanns, Aufsehen zu erregen und sich aufzulehnen, besiegen, um mit der unermesslichen Gemeinschaft der universellen Bruderschaft, mit dem kosmischen Leben zu verschmelzen.

Er muss den Nebeln und den inneren Gefängnissen der Fische entkommen, aber Selbstverleugnung, Selbstaufgabe und Aufopferung lernen.

Das Universum
Atlas Coelestis. Harmonia Macrocosmica seu Atlas Universalis... (um 1660) – Englische Nationalbibliothek

Der Lebensbaum

Illustrierung für die Dissertation »Die Hüter der Reinheit – Eine Ethnographie der Brahma Kumaris« von Tamasin Ramsey (»Brahma Kumaris« heißt »Töchter Brahmas« und ist eine Kurzform für die »Brahma Kumaris World Spiritual University«). © 2009.

Der Lebensbaum der Kabbala spiegelt den Fluss göttlicher Ströme im Universum, der Natur und dem Menschen wider

Zahlreiche philosophische und mystische Traditionen haben den Baum zum Symbol des Universums gemacht. Alle Geschöpfe haben irgendwo auf diesem Baum eine Funktion, sei es in den Wurzeln, im Stamm, in den Ästen, in der Rinde oder in den Blättern, den Blüten, den Früchten. Alle Lebewesen, alle Aktivitäten und alle Bereiche finden ihren Platz auf dem Lebensbaum.

Zu verschiedenen Zeiten des Jahres fallen Blätter, Blüten und Früchte vom Baum. Sie zersetzen sich und werden zu Humus, der nach und nach von den Wurzeln aufgenommen wird. Dasselbe geschieht mit den Menschen. Wenn ein Mensch stirbt, wird er wieder aufgenommen vom kosmischen Baum. Aber bald erscheint er wieder in anderer Form: als Ast, Blüte, Blatt oder Frucht. Nichts geht verloren, unaufhörlich verschwinden die Menschen und erscheinen wieder am kosmischen Baum.

Ihr müsst wissen, dass alles, was in der Natur geschieht – in der Welt der Pflanzen, der Tiere oder der Menschen – unter Beteiligung der 10 Sephiroth vollbracht wird. Die 10 Sephiroth sind die höchsten bekannten Wesen.

Man nennt sie **Kether** (die Krone), **Chokmah** (die Weisheit), **Binah** (die Vernunft), **Chesed** (die Barmherzigkeit), **Geburah** (die Kraft), **Tiphereth** (die Schönheit), **Netzach** (der Sieg), **Hod** (die Herrlichkeit), **Jesod** (die Grundlage) und **Malkuth** (das Reich).

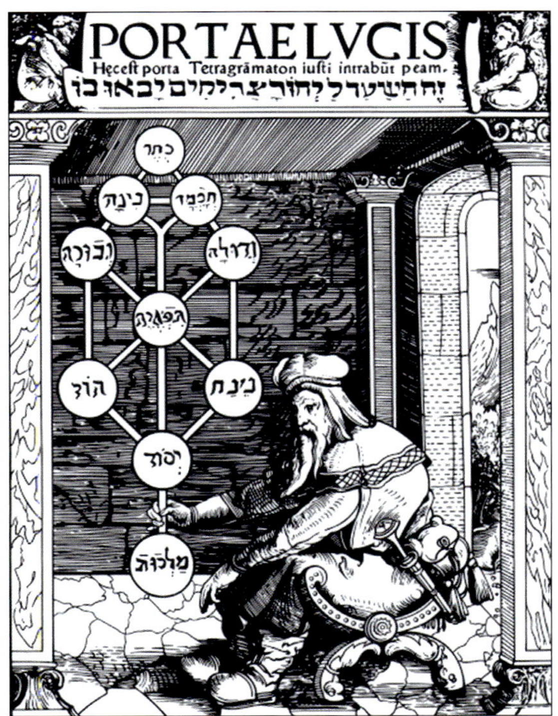

Aus »Portae Lucis«
Kabbalist, der die 10 Sephiroth hält

Holzschnitt, Umschlag des Buches »Portae Lucis« von Paulus Ricius, veröffentlicht 1516 in Augsburg, reproduziert von Joel Radcliffe und herausgegeben durch ARS OBSCURA, 1987.

Original: Buchmalerei aus dem Werk »Scha'are Orah (Portae Lucis)« von Joseph Gikatilla (1293).

Der Lebensbaum
Ivano Marchesani (1985)

Der Lebensbaum als Abbild wahrer Moral, Wissenschaft und Kunst

Lernt, über die zehn Sephiroth des Lebensbaums zu meditieren, und seid euch dabei bewusst, dass dieser Baum in euch ist, und dass die einzige Aktivität, die sich lohnt, darin besteht, ihn wachsen, blühen und Früchte tragen zu lassen. Wie lange ihr braucht, bis ihr tatsächlich dieser Lebensbaum seid, soll euch nicht beschäftigen.

Im Sephirothbaum findet ihr eine unermessliche Vielfalt von »Nahrungen«, denn er spiegelt das ganze Universum. Die Religion und die Philosophie sind in ihm vertreten, sowie die Moral, die wahre, die Wissenschaften und die Künste. Nun liegt es an euch, zu lernen, euch täglich davon zu nähren.

Der Lebensbaum Weltenesche (Yggdrasil)
Holzschnitt mit Vikinger Flechtwerk

Schaut euch einen Baum an: Er behält seine Wurzeln, seinen Stamm und seine Zweige für sich, aber seine Blüten und Früchte verschenkt er allen zur Freude; auch seine Blätter können nützlich sein. So hat die Natur die Dinge erdacht.

Ein Eingeweihter, der die Lektion der Natur begriffen hat, macht es genau wie der Baum: Er behält – symbolisch gesehen – seine Wurzeln, seinen Stamm, seine Zweige für sich, aber er verteilt reichlich seine Blätter, seine Blüten und seine Früchte, nämlich seine Gedanken, seine Gefühle, seine Worte, sein Licht, seine Kraft.

Auch ihr solltet lernen, was ihr geben könnt und was ihr behalten müsst.

Die Blütenblätter der sieben Chakras

Seit Tausenden von Jahren lehren die indischen Eingeweihten, dass der Mensch über seinen physischen Körper hinaus, in seinem ätherischen und astralen Körper, feinstoffliche Zentren besitzt, die sich auf der Achse der Wirbelsäule befinden. Diese Zentren haben sie »Chakras« (was in Sanskrit »Räder« bedeutet) oder »Lotus« genannt.

Von unten nach oben sind das:

- an der Basis der Wirbelsäule: Muladhara, Lotus mit vier Blütenblättern,
- über den Geschlechtsorganen: Svadhisthana, Lotus mit sechs Blütenblättern,
- im Bereich des Nabels und dem Solarplexus: Manipura, Lotus mit zehn Blütenblättern,
- im Bereich des Herzens: Anahata, Lotus mit zwölf Blütenblättern,
- vorne an der Kehle: Visuddha, Lotus mit sechzehn Blütenblättern,
- zwischen den beiden Augenbrauen: Ajna, mit zwei großen Blütenblättern, die ihrerseits jeweils in 48 Blütenblättern aufgeteilt sind: das ergibt 96 Blätter,
- auf dem Kopf: Sahasrara, der Lotus mit tausend Blütenblättern. In Wirklichkeit hat er nur 960, in der Mitte ist die Krone mit 12 Blütenblättern, das ergibt 972. Die 12 Blätter im Zentrum sind goldgelb, die 960 anderen sind violett, und die zwei Kronen drehen sich in gegensätzlicher Richtung.

Die sieben Chakras
© Pieter Weltevrede/Sanatan Society

Die Chakras unterscheiden sich voneinander durch ihre Farbe, die Anzahl ihrer Blätter, das heißt, durch die Anzahl und die Intensität ihrer Schwingungen, durch die Gottheiten, die in ihnen wohnen, und vor allem durch die Tugenden und die Macht, die ihr Erwachen dem Menschen verleiht: Muladhara gibt Lebensenergie; Svadhisthana kreative Kraft; Manipura kollektives Bewusstsein; Anahata universelle Liebe; Visuddha Weisheit; Ajna Hellsicht; Sahasrara Allmacht und Freiheit. Auf diese Weise könnt ihr jeden Tag, nach und nach, einen außergewöhnlichen Weg zurücklegen, der euch, wenn ihr beständig seid, zur Erleuchtung führt.

Manipura-Chakra mit 10 Blütenblättern

Illustration aus dem Buch »Chakras centres d'énergie de transformation« von Harish Johari.

Die Bedeutung des Namens »Manipura Chakra« ist »Die Stadt der Juwelen«.

»Für die Wissenden ist das wahre Herz der Solarplexus. Ja, er ist es, der fühlt, der versteht, der die wahren Einweihungs-Wahrheiten kennt. Wenn es einem gelingt, mit ihm zu kommunizieren, kann der Solarplexus wahrhaftig Wunder vollbringen. Es ist eine ganze Wissenschaft, die man in der Zukunft studieren wird.«

O.M. Aivanhov

Anahata-Chakra mit 12 Blütenblätter

(Illustration: Aus dem Buch »Chakras centres d'énergie de transformation« von Harish Johari).

Die Bedeutung des Namens »Anahata-Chakra« ist »Der sich unendlich regeneriert und erneuert«.

»Es ist sehr wichtig für eure Entwicklung, dass ihr in eurem Herzen das Bild dieses Chakras tragt, welches das Zentrum der universellen Liebe ist, denn diese so selbstlose und weitherzige Liebe weckt in euch die wahre Intelligenz: die Intuition.«

O. M. Aivanhov

Der Lotus, ein Symbol für spirituelles Wachstum

In der Nähe von Srinagar in Kaschmir, gibt es einen See[1], der durch einen Fluss gebildet wird. Es gibt kleine Häuschen für die Touristen und Boote für Fahrten auf dem See. Als ich dort vorbei kam, hatte ich keinerlei Absicht, mich dort aufzuhalten, sondern wollte weiter auf die Höhen gehen, die mit großartigen Wäldern bewachsen sind. Als ich jedoch den See sah, blieb ich dort: An manchen Stellen war er voll von Lotusblumen mit allen möglichen Farben und beeindruckender Größe; ihre Blätter waren so groß, dass man ein kleines Kind darauf hätte legen können. Es gab riesige Blumen auf dem Wasser mit subtilen Nuancen, noch nie sah ich ein ähnliches Schauspiel. Es war tatsächlich ein Schauspiel, ich bin dort lange geblieben und habe sie bewundert. Der Lotus[2], der auf dem Grund von einem See oder Teich entsteht, kommt hoch und entfaltet sich an der Oberfläche des Gewässers, und die reine Materie seiner Blütenblätter mit ihren leuchtenden Farben und ihrem Duft haben nichts mehr gemeinsam mit dem Schlamm ihres Ursprungs.

Lotusblumen vom Dal-See
H.H. Hart (1915)

Dort habe ich wirklich empfunden, warum diese Blume im Orient ein Symbol des geistigen Wachstums ist: Man kann sie als den Übergang von den niederen Bewusstseinsebenen auf die höheren interpretieren.

Grüne Tara
Ausdrucksform der göttlichen Mutter im Buddhismus

Lakshmi[3], die Göttin für Glück, Schönheit und Wohlstand
Raja Ravi Varma (1848–1906)

1 Der See Dal.

2 Die buddhistische Tradition bildet aus dem heiligen Lotus einen Pflanzen-Thron aus Blütenblättern, auf welchem Buddha sitzt. Das Werk »Lotus-Sutra« aus der Sanskrit-Schriftensammlung berichtet, dass bei jedem Tritt, den Buddha machte, als er noch Kind war, eine Lotusblume (auf Indisch: Padme) wuchs.
Der rosarote Lotus ist mit dem Sonnenlicht verbunden, das heißt mit Vishnu, der blaue Lotus ist mit der Nacht verbunden, das heißt mit Shiva.

3 Eine Legende aus der hinduistischen Tradition erzählt, dass Lakshmi – Göttin der Schönheit und Ehefrau des Vishnu – aus einer Lotusblume hervorkam, als die Welt erschaffen wurde. Die Begünstigungen, die sie beschert – wie Reichtum, langes Leben und spirituelle Erweckung – sind auf vielen Bildnissen durch Goldstücke symbolisiert, die von ihrer reichenden Hand rieseln sowie durch den Ambrosia-Topf und durch den Lotus, den sie in den Händen trägt.

In jedem Wesen gibt es Lotusblumen

Rosarote und weiße Lotusblumen
Mineralpigmenten auf Seide –
Yuan-Dynastie (1279–1368)

Die Vorstellung von der Geburt der Gottheit findet sich in Indien im Symbol der Lotusblüte wieder, in der Krishna geboren wird. Die Geburt von Krishna ist die Geburt des Höheren Selbst, des Christus in uns. In jedem Menschen existieren Lotusblüten; aber man muss viel arbeiten, großes Wissen besitzen und viel Zeit opfern, damit sich diese Blüten entfalten, ihren Duft verströmen und ihre Früchte bilden können. Die Früchte sind die Werke der verschiedenen Tugenden.

Devaki, die Mutter Krishnas
Marianne Stokes (1855-1927)

Die Lotusblume ist ein Symbol für das Erwachen der Wahrheit im Innern des Menschen

Ich spreche nur über die Wahrheiten, die in euch sind. Selbst wenn ihr euch ihres Daseins noch nicht bewusst geworden seid, selbst wenn ihr nicht richtig versteht, was ich euch sage, weiß ich, dass ich durch meine Worte etwas berühre, das nur darauf wartet, an's Licht zu kommen; dieses Etwas kann man mit einer Lotusblume vergleichen, die im Wasser entsteht, unter dem Wasser wächst und dann an der Oberfläche aufblüht…

Die Dinge entstehen, nehmen Form an, entwickeln sich im Dunklen des Unbewusstseins, und wenn sie im Bewusstsein erscheinen, sind sie nicht an ihrem Anfang, sondern fast an ihrer Vollendung, denn seit langem schon waren sie in Bewegung. Auf die gleiche Weise erwecken meine Worte in den Tiefen eures Seins etwas, das eines Tages genau wie die Lotusblume herauskommt, um über dem Wasser aufzublühen.

Der Lotustempel

Neu-Delhi (Indien) – Entworfen durch den iranischen Architekten Fariborz Sahba, dieses Bauwerk ist offiziell dem alleinigen Gott gewidmet, zur Einheit der Religion und der Menschheit.

Nichts Geistiges und nichts Göttliches kann ohne die Reinheit entstehen

Damit sich die Blütenblätter des heiligen Lotus entfalten können, muss man vor Unruhen und Stürmen geschützt sein. Wenn der Schüler diesen Lotus vorzeitig entwickelt, bevor er die schädlichen Elemente neutralisiert hat, die er in sich trägt, setzt er sich großen Gefahren aus. Die Erschütterungen, die er erlebt, werden die Blütenblätter dieses Lotus zerreißen, das heißt, sie werden die Funktionsweise seiner feineren Apparate stören. Deshalb geben die großen Meister, die ihre Schüler lieben und beschützen, ihnen nicht die Methoden, zu schnell ihre psychischen Fähigkeiten zu entwickeln, denn sie wissen, dass das äußerst nachteilige Auswirkungen für sie hätte. Sie sagen: »Sollen sie erst einmal alles Negative beseitigen, ihren Garten vorbereiten, alle Disteln und stacheligen Sträucher entfernen, damit sie später dort Blumen haben.«

Indische Lotusblume (Nelumbo nucifera)
Botanischer Garten von Adelaid (Südaustralien), Foto: Peripitus

Die tausend Blütenblätter des Lotus

Die innere Welt des geistigen Schülers gleicht am Anfang einem Garten, der von Gestrüpp, Disteln und stacheligen Pflanzen übersät ist, welche die Instinkte und schlechten, niederen Wünsche symbolisieren, die er in sich unterhält. Wenn er diesen Garten vom Gestrüpp befreit hat, wird ihn nichts mehr von dem aufsteigenden Weg des Lichts zurückhalten, und dann wird er spüren, wie sich die tausend Blütenblätter des Lotus eines nach dem anderen oben auf seinem Kopf öffnen.

Eine Million goldener Buddhas
Tempel Wat Phra Dhammakaya (Bangkok, Thailand)

Der Lebensbaum und das Gleichnis vom Senfkorn

Als Jesus sagte, dass das Reich Gottes einem Senfkorn gleicht, das zu einem Baum wird, spielte er auf den Sephirothbaum an. In der Tat repräsentieren die zehn Sephiroth den kosmischen Baum. Wenn ihr es versteht, einen Baum zu studieren, über ihn zu meditieren, dann versteht ihr große Mysterien, denn der Baum ist ein Symbol des Lebens. Alle Fragen werden geklärt, alle Probleme gelöst, wenn man die Bedeutung und die Entsprechungen jedes einzelnen Details des Baumes versteht.

Die zehn Sephiroth entsprechen jeweils einem Zeitpunkt im Wachstum des Senfkorns.

Kether, das ist das Samenkorn, das Samenkorn, das man in die Erde pflanzt, der Beginn, der Kopf der Dinge. Ohne Kether kann man nichts erreichen.

Einmal in die Erde gepflanzt, teilt sich der Same, er polarisiert sich, und das ist **Chokmah**, die Weisheit, das Binäre, das Gegenüber von Positiv und Negativ, von Mehr und Weniger, von Oben und Unten. All die Kräfte, die in der Krone enthalten sind, beginnen sich zu teilen, sich entgegengesetzt zu entwickeln. Das Binäre trennt, teilt. Darum können alle, welche die 2, Gut und Böse, nicht verstehen, auch nicht die Weisheit verstehen. Wer weise sein will, muss die Zahl 2 verstehen. Aber die Kräfte sind nicht vollständig getrennt, sie bleiben durch die Krone verbunden, die zu ihnen sagt: »Meine lieben Kinder, ihr seid Junge und Mädchen, vereint euch also und macht eine großartige Arbeit, die ihr mir dann zeigen werdet.« Sie vereinigen sich, und das ist dann **Binah**, die Vernunft, die Intelligenz, die sie harmonisiert, sie ausgleicht, zur Verwirklichung einer gemeinsamen Arbeit. So, wie es die Krone angeordnet hat, harmonisiert Binah die gegensätzlichen Strömungen, die aufsteigenden und die absteigenden.

Kether, Chokmah und Binah stecken in der Erde. Die Pflanze ist eine Widerspiegelung der höheren Welt. Was den Menschen angeht, so ist er eine Pflanze, deren Wurzel der Kopf ist, denn er ist in die Kausalwelt eingepflanzt. Genauso wie die drei Sephiroth Kether, Chokmah und Binah in der Erde stecken, steckt unser Kopf in der spirituellen Welt.

Damit die Pflanze über dem Boden erscheint, bedarf es der Vermittlung der vierten Sephira, **Chesed**, die Barmherzigkeit. Chesed, das ist der Stängel oder der Stamm des Baumes, das, was immer versucht, allem standzuhalten. Es ist das Leben, das auf der Barmherzigkeit, auf der Güte gründet. Alles Leben, das nicht auf die Barmherzigkeit gegründet ist, besitzt keinen Stamm. Es hat eine Wurzel, aber keinen Stängel, es wächst nicht. Chesed repräsentiert den Stängel, in dem die kosmischen Kräfte von unten nach oben und von oben nach unten zirkulieren. Die Barmherzigkeit dient als Kanal für das Kreisen von Kräften der irdischen Welt zur spirituellen Welt und umgekehrt.

Die fünfte Sephira, **Geburah**, die Kraft, entspricht den Ästen. Wenn der Mensch Kraft, Stärke besitzt, beginnt er seine Äste in alle Richtungen auszubreiten. Wenn eine Gesellschaft, ein Volk stark wird, gelingt es ihm, sich überallhin auszubreiten. Fünf ist die Zahl der Arbeit des Menschen, seiner Hände, die anfangen die Blätter vorzubereiten.

Die sechste Sephira, **Tiphereth**, die Schönheit, das sind die Blätter, die den Baum schmücken.

Nach den Blättern erscheinen die Knospen: Das ist die siebte Sephira, **Netzach**, der Sieg. Wenn der Baum das Stadium der Knospen erreicht hat, bezeichnet man das als Stunde des Sieges. Er hat alle Schwierigkeiten besiegt, er wird Früchte tragen.

Der Lebensbaum
Gustav Klimt (1909)

Jetzt vollzieht sich eine großartige Arbeit in den Knospen, welche die Blüten hervorbringen werden, die achte Sephira, Hod, die Herrlichkeit, das Loblied. Der Baum bedeckt sich mit Blüten und darin besteht seine Herrlichkeit; er lobpreist den Ewigen durch seine Schönheit und seine Düfte… Der Duft, den die Blüten verbreiten, das ist die Herrlichkeit, das Loblied, das der Baum zum Ewigen sendet; in dem Moment beginnt der Baum zum Ewigen zu sprechen, er ist voller schwirrender Insekten und er komponiert Psalmen, die er für den Herrn singt.

Schließlich bildet sich in der Blüte die Frucht, die später köstlich wird. Die Sonne lässt sie reifen, gibt ihr Farbe, und die Kinder erfreuen sich an ihr. Das ist die Geburt des Christkindes, der neunten Sephira, Jesod, der Grundlage, der Ausgangspunkt für ein anderes Leben, für einen neuen Baum. Die Zahl 9 repräsentiert die Vollendung: Die Frucht ist reif und fällt herab. Die Frucht enthält aufs Neue einen Samen, und das ist Malkuth, die zehnte Sephira.

Jeder Kern oder Same repräsentiert Malkuth, das Reich Gottes. Wie erkennt man, dass es wirklich das Reich Gottes ist? Pflanzt den Samen und alle anderen Attribute werden bald erscheinen. Also vereinigen sich Malkuth und Kether wieder. Der Anfang und das Ende der Dinge sind identisch. Und darum sagte Jesus, dass das Reich Gottes (anders gesagt: Malkuth), sich mit einem Senfkorn vergleichen lässt. Wo sind die anderen Sephiroth? Jesus hat nur von Malkuth, dem Samen gesprochen. Die anderen muss man auffinden, wie ich es gerade getan habe.

Lebensbaum

17. Jahrhundert, Palast des Khans von Scheki (Aserbaidschan)
Foto: Urek Meniashvili

Boabab von Grandidier
Morondava (Madagaskar)
Foto: Bernard Gagnon

Jeden Tag solltet ihr den Herrn bitten, überall in der Welt Gedanken und Gefühle in die Seelen pflanzen zu können, um schließlich die zehn Sephiroth hervorzubringen.

Jetzt versteht ihr, warum Christus das Reich Gottes, Malkuth, mit einem Senfkorn verglichen hat, das winzig klein ist, aber ein großer Baum wird, in dem sich die Vögel niederlassen.

Hypolais
Familie auf den Ästen eines Obstbaums
Trans-saharischer Zugvogel

Der Lebensbaum in der Geheimen Offenbarung des Johannes

Die Apokalypse endet mit der Vision der Himmlischen Stadt, dem neuen Jerusalem, von dem der Apostel Johannes die Mauern, die Grundsteine und die Tore beschreibt. Durch diese Stadt fließt ein Fluss: »Und er zeigte mir einen Strom lebendigen Wassers, klar wie Kristall, der ausgeht von dem Throne Gottes und des Lammes; mitten auf dem Platz und auf beiden Seiten des Stromes gibt es einen Baum des Lebens, die tragen zwölfmal Früchte, jeden Monat bringen sie ihre Frucht, und die Blätter der Bäume dienen zur Heilung der Völker.«

Wie kommt es, dass der Baum auf beiden Seiten des Flusses ist? Wenn wir diese Dinge wörtlich verstehen, ergibt diese Beschreibung keinen Sinn. In Wirklichkeit ist dieser Baum über einem Fluss ein Symbol. Er existiert in uns und der Fluss fließt durch uns hindurch. Denn wir sind die Stadt; und im Zentrum dieser Stadt – im Solarplexus – fließt ein Fluss mit einem Baum des Lebens an seinen beiden Ufern. Der Solarplexus repräsentiert den Baum auf beiden Seiten des Flusses, aber auch den Fluss selbst, diese Kraft, diese Vitalität, die durch ihn fließt. Wo befinden sich die Wurzeln dieses Baumes? Das sind die zwölf Nervenpaare und die dorsalen Ganglien: zwölf Zweige, die zwölf Früchte pro Jahr produzieren. Diese zwölf Früchte sind mit den zwölf Tierkreiszeichen verbunden.

Atalante fugiens – Emblem IX

Kupferstich Nr. 9 aus dem Buch »Atalante fugiens« des Alchimisten Michael Maier (1617). Dieses Sinnbild umfasst einen Baum und einen Greis in einem Haus voller Tau; da der Greis Früchte vom Baum gegessen hat, wird er sich in einen jungen Mann verwandeln.

Schauen wir uns jetzt die Eigenschaften dieser Früchte an:

Die erste Frucht **(Widder)** macht den Menschen aktiv, dynamisch und entscheidungsfreudig. Die zweite **(Stier)** schenkt eine große Empfindsamkeit, viel Freundlichkeit und Güte. Die dritte **(Zwillinge)** regt zum Forschen an, fördert das Interesse an allem und am Reisen. Die vierte **(Krebs)** gibt eine große Empfänglichkeit, um die feinstofflichen Wellen und Wesenheiten wahrzunehmen. Die fünfte **(Löwe)** fördert die Hochherzigkeit und den Mut, anderen zu helfen und sie zu retten. Die sechste **(Jungfrau)** reinigt und läutert. Die siebte **(Waage)** ermöglicht, sich mit dem göttlichen Quelle zu vereinigen und das kosmische Gleichgewicht in sich wiederherzustellen. Die achte **(Skorpion)** gibt Aufschluss über den Tod und das Leben im Jenseits. Die neunte **(Schütze)** gibt den Geschmack an philosophischen und religiösen Fragen. Die zehnte **(Steinbock)** gibt die Macht, sich selbst und andere zu beherrschen. Die elfte **(Wassermann)** erklärt den Sinn der Universalität und der Brüderlichkeit zwischen den Nationen. Die zwölfte **(Fische)** drängt darauf, sich selbst zu opfern, Leiden zu ertragen und trotzdem die guten Seiten zu sehen und sich darüber zu freuen.

Yggdrasil* – der Weltenbaum
Oluf Olufsen Bagge (1847)

* In der nordischen Mythologie heißt Yggdrasil »Weltesche«. Sie symbolisiert als »Weltenbaum« den gesamten Kosmos.

Dies sind die Qualitäten der Früchte dieses Lebensbaumes, der kein anderer ist, als der Sephirothbaum, von dem in der Kabbala gesprochen wird und der folgende Sephiroth enthält: Kether, Chokmah, Binah, Chesed, Geburah, Tiphereth, Netzach, Hod, Jesod und Malkuth.

Kether ist der Same, der alle Möglichkeiten des Baumes enthält; Chokmah, das ist der Kern, der sich teilt, um den kleinen Sprössling wachsen zu lassen; Binah und Chesed ist der Stamm; in Geburah sind die Zweige, in Tiphereth die Blätter, in Netzach die Knospen, in Hod die Blüten, in Jesod die Frucht; und Malkuth ist der Samen, der in die Erde gepflanzt wird, um einen neuen Baum hervorzubringen.

Auch hier seht ihr die Anwendung des Gesetzes: Was unten ist, ist wie das, was oben ist; und ihr versteht, warum Jesus das Reich Gottes (Malkuth) mit dem winzigen Senfkorn verglichen hat, aus dem ein riesiger Baum werden wird, worin die Vögel des Himmels Schutz suchen werden.

Der Apostel Johannes sagt, dass die Blätter dieses Baumes zur Heilung der Nationen dienen. Ihr seht, dass nicht nur die Früchte dieses Baumes Wunder wirken, sondern auch die Blätter und sogar die Wurzeln.

Der Lebensbaum

Currier & Ives (1892)

Forschungsbibliothek des Kongresses in Washington (USA)

Adam und Eva, die im Garten Eden die Frucht des Baumes der Erkenntnis von Gut und Böse gekostet hatten, mussten Krankheit und Tod erleiden. Die Früchte des Lebensbaumes hingegen sollen der Heilung der Nationen dienen, und deshalb müssen wir von diesen Früchten essen. Und sogar die Blätter des Lebensbaumes dienen der Heilung der Nationen, sagt der Apostel Johannes. So haben nicht nur die Früchte segensreiche Eigenschaften, sondern auch die Blätter. Und auch die Blüten und die Wurzeln, denn im Lebensbaum erfüllt alles seinen Zweck. Alle Elemente sind nützlich für denjenigen, der gelernt hat, nach den Regeln des Göttlichen Lebens zu arbeiten.

Adam und Eva, aus dem Paradies verjagt
Auguste Rodin (1880)

Adam und Eva aus dem Paradies vertrieben
Benjamin West (1791)

Die besten Samenkörner

Stellt euch vor, ihr habt die Samenkörner einer Pflanze in die Erde gelegt, von der ihr wisst, dass sie wunderbare Blüten hervorbringt, aber ihr wisst nicht, dass sie nur alle hundert Jahre blüht. Solche Pflanzen sind sehr selten, aber es gibt sie. Ihr wartet also, unruhig, nervös… Eure Ungeduld beweist nur, dass ihr die Natur dieser Pflanze, die so wunderschöne Blüten hervorbringt, nicht kennt. Dann gibt es andere Samenkörner, aus denen die Blüten schon nach einigen Wochen hervorwachsen. Natürlich gefällt euch das besser, diese Blumen sind aber auch verbreiteter.

Jede Tätigkeit, der ihr nachgeht, ist wie ein Samenkorn, das ihr in die Erde legt. Wenn ihr schnell Ergebnisse erzielt, seid ihr zufrieden; doch fragt euch ab und zu, ob die Samenkörner, die so schnell aufgehen, die besten sind. Oft ist das Gegenteil der Fall.

Blühende Agave Echinocereus
Sie blüht nach ungefähr 20 bis 100 Lebensjahren.

Jede Blume ist letztendlich nützlich

An Orten der Erde, wo der Mensch sich noch nie hingewagt hat und es vielleicht auch niemals wagen wird, gibt es noch ganz unbekannte Blumen und Bäume. Manchmal fragt man sich, wozu diese Pflanzen gut sind, von deren Dasein niemand weiß, wozu sie da sind, unbekannt, unnütz, in der Wildnis. Keine Sorge, in der Natur bleibt keine Blume, keine Pflanze unbeachtet, allein, sich selbst überlassen, keine ist nutzlos. Wenn es nicht durch die Menschen geschieht, dann sind es Wesen der unsichtbaren Welt, die die verborgensten Blumen aufsuchen, um deren Ausstrahlung aufzunehmen.

Warum sollten die Menschen die Einzigen sein, die die Pflanzen kennen und sie nutzen, und ebenso die Mineralien und die Tiere? Es gibt da auch all die Wesen, die wir nicht sehen und die dennoch existieren, wie zum Beispiel die Geister der vier Elemente, die Seelen der Toten... Wie die Chemiker ziehen sie aus allem bestimmte Substanzen, von denen sie sich ernähren oder die sie woanders hinbringen, um anderen Geschöpfen zu helfen.

St. Panteleimon der Heiler
Nicholas Roerich (1931)

Ihr werdet aufs Neue erblühen

»Aufgemacht habe ich mich,
als Pilger zum Gelobten Land.
Dahin, wo die Quellen sprudeln;
Dahin, wo die Flüsse strömen;
Dahin, wo die Früchte reifen;
Dahin, wo die Vögel singen;
Dahin, wo die Menschen als Geschwister leben!«

Ich liebe dieses Lied, dessen Melodie der Meister Peter Deunov auf seiner Violine komponiert hat, eine Melodie voller Erwartung einer von ferne wahrgenommenen Erde.

Und diese Erde ist nicht nur fruchtbar und üppig, sie ist in erster Linie der Ort, an dem die Menschen als Geschwister leben.

Viele werden natürlich behaupten, dass ein solcher Ort nicht existiert. Doch, er existiert, er befindet sich in der menschlichen Seele.

Blühende Kirschbäume
Yokohama (Japan)

Blütenlese

Zitate von

Meister Peter Deunov,

dem geistigen Meister

von Omraam Mikhaël Aïvanhov

Die Blumen des Guten

»Studiert die Blumen, beobachtet, wie sie gepflanzt und gepflegt werden sollten; lernt, welcher Boden für sie günstig ist. Manche Menschen, die behaupten, religiös zu sein, sagen, wir bräuchten keine Blumen, wir müssten nur an Gott denken. Aber Gott ist in den Blumen gegenwärtig, wie in den Bäumen und in den Quellen... Gott ist im Leben des Baumes, im Leben der Blumen, nicht in der Form. Er ist im Licht und im Leben des Lichts, weil das Licht, das Er geschaffen hat, eine Sache ist und das Leben, das im Licht vorhanden ist, eine andere Sache ist.«

Paradiesvogel-Blume (Strelitzie)
aus Südafrika stammend

»Hier ein Beispiel mitten aus dem Leben des Meisters Peter Deunov. Der Meister reiste für seine Vorträge durch Bulgarien, und als er nach Stara Zagora kam, wohnte er bei unserem Freund, dem Ingenieur Kaitcheff. Eines Abends, als sie im Garten saßen, verkündete unser Freund dem Meister, er habe beschlossen, diesen Apfelbaum zu fällen. Jedes Frühjahr sei er mit Blüten und Blättern bedeckt, aber nie komme eine Frucht. Schon so viele Jahre lang habe er keinen einzigen Apfel hervorgebracht.

Der Meister antwortete, er solle ihn dieses Jahr noch am Leben lassen, er solle ihm diesen Gefallen tun. Kaitcheff sagte, er sei einverstanden. Der Meister näherte sich dann dem Apfelbaum, sprach mit ihm und strich mit seinen Händen über seine Äste. Er blieb längere Zeit in der Nähe des Baumes.

Apfelernte
Carl Larsson (1903)

In jenem Jahr produzierte der Apfelbaum eine Fülle an Früchten, schöne, große, rote Äpfel, und Kaitcheff musste mehrere Körbe zum Meister bringen lassen, der sie natürlich weitergab an den Speisesaal der Schüler, die sich um ihn versammelt hatten. Kaitcheff beschloss, den Baum den ›Apfelbaum des Meisters‹ zu nennen und seit dieser Zeit gibt dieser Apfelbaum jedes Jahr eine schöne und reiche Ernte.«

Omraam Mikhaël Aïvanhov

»Ein Mensch, der gut und barmherzig ist, ist es auch allen Tieren und Pflanzen gegenüber. Er schätzt den Menschen sehr, aber auch die Blume, deren Duft in der Lage ist, Sorgen zu vertreiben und eine fröhliche Stimmung zu schaffen. Der Duft von Blumen kann mit einer menschlichen Qualität verglichen werden: dem Eifer.

Trotz der ungünstigen Bedingungen wächst die Pflanze, sie kommt aus der Erde, aus dem Schlamm des Lebens heraus und legt bald ihre königlichen Gewänder an: die Blume, die ihren süßen Duft bis in die weite Ferne verbreitet. Warum kann der Mensch nicht auch wie die bescheidenste Pflanze, Fleiß und Anstrengung an den Tag legen, und trotz der Umstände wachsen und sich erheben?«

Die vier Jahreszeiten – Der Frühling
Alexandre De Riquer (1856-1920)

»Jeder Mensch auf der Erde, der lernt und sich verbessert, ist eine Blume, die sich mit ihrer spezifischen Farbe und ihrem eigenen Duft öffnen muss; dieses sind Reichtümer, die allen angeboten werden sollten.

Engel mit Blume
Giovanni Bellini – Detail des Polyptychon des heiligen Vincent Ferrer (1468)

Jeder gute Gedanke ist eine Blume, die im Intellekt blüht. Jedes edle Gefühl ist eine Blume im Herzen. Und jede rechtschaffene Handlung ist eine Blume im menschlichen Willen. Dank der Düfte dieser drei Blumen stärkt ihr Gesundheit und Harmonie in eurem ganzen Wesen. Die Blüte des Lebens ist ein ewiger Prozess, der nicht nur in den Gedanken, Gefühlen und Handlungen vollzogen wird, sondern mehr noch in der Liebe.

Die Blumen sind die Kinder der Engel, ihre Bilder. Wir sollten Blumen nicht unnötig pflücken oder zertreten, weil wir dann einen Gedanken oder ein Gefühl eines Engels verdrängen oder zerstören. Die Menschen sind noch unruhige und inkonsequente Kinder. Engel kümmern sich nicht nur um die Pflanzenwelt, sondern um alle Naturreiche.«

In den ersten Jahren der Bruderschaft in Bulgarien kamen begeisterte Schüler mit wenig Gepäck zu Meister Peter Deunov und sagten: »Meister, wir wollen hinausgehen und predigen!« Sie erwarteten seine Zustimmung und Ermutigung, aber er antwortete: »Nein! Nicht auf diese Weise sollt ihr predigen! Dies ist eine völlig veraltete Form. Der neue Weg ist folgender: Kennt ihr das Veilchen? Es lebt demütig und versteckt zwischen den Kräutern, aber sein zartes Parfüm offenbart seine Gegenwart bis in die weite Ferne. So sollt ihr predigen, wie das Veilchen.«

»Eine Blume ist ein musikalischer Akkord. Nehmt das auseinander, und ihr werdet eine Melodie haben. Nehmt es von Neuem auseinander, und ihr werdet einen Gedanken, ein Gefühl finden; wenn es nochmals zerlegt wird, entfaltet sich eine ganze Welt von Bildern und Bewegungen vor euch. Aber um all diese Möglichkeiten zu entdecken, müsst ihr diese Blume lieben. Die Liebe ist der Schlüssel, der die Türen langsam öffnet und der euch in eine unbekannte Welt bringen kann, in der ihr leben werdet.«

Zwischenspiel im Garten von MacMonnies
Will Hicok Low (1901)

»Was bringen uns Blumen in unserem Leben? Was geht von ihnen aus? Blumen drücken eine Idee aus. Wenn wir ihre Formen, ihre Farben untersuchen, ihren Duft einatmen und uns darauf konzentrieren, entdecken wir eine harmonische Welt, die im Verborgenen liegt und durch die Blumen zu uns spricht.«

Wohlgeruch
Leon Frederic (1894)

»Wenn ich mit euch über das Gute spreche, das die Natur dem Menschen bietet, meine ich damit nicht nur die guten Dinge, die seinen Organismus erhalten und unterstützen, sondern verstehe darunter auch all jenes, das ihm in seiner Entwicklung hilft. Ein Mensch ist sorgenvoll, gequält und entmutigt, weil er ein Problem, das ihn beschäftigt, nicht lösen kann. Er spaziert über eine Wiese, erblickt eine gelbe Blume und ist erstaunt, dass sie seine Aufmerksamkeit auf sich gerichtet hat, denn diese kleine gelbe Blume will ihm sagen, dass er sein Problem leicht mithilfe seiner Gedanken lösen kann. Dann sieht er eine blaue Blume, dann etwas weiter eine rote; die blaue Blume legt ihm nahe, dass er Vertrauen haben muss, um die richtige Lösung für sein Problem zu finden. Und die rote Blume sagt ihm, dass er nicht nur seine Gedankenkraft und seinen Glauben benutzen soll, sondern auch die Liebe.«

Tamariske und Mohnblumenfelder
Ferdinand du Puigaudeau (1915)

»Wenn sich der Mensch Gott zuwendet, ist es, wie wenn die Blumen sich der Sonne zuwenden. Wenn er an Gott denkt, löst sich einer Seiner Sonnenstrahlen und dringt in die menschliche Seele ein.

Dieser Sonnenstrahl ist für den Menschen so unverzichtbar, wie das Sonnenlicht für die Blumen.

Menschen versuchen, sich ein Bild von Gott zu machen, aber welche Form könnten sie dem Licht geben? In Wirklichkeit ist es das Licht, das Bilder und Formen erschafft.«

Rose Gallica (Purpurea-violacea magna, auch Bischofsmantel genannt)
Pierre-Joseph Redouté (1824)

»Das Leben macht für jemanden keinen Sinn, der die Liebe nicht einmal in ihren einfachsten Formen verstanden hat. Und wie könnte jemand das himmlische Leben schätzen, ohne das irdische Leben schätzen gelernt zu haben? Sagen wir einmal, dass das irdische Leben die Knospe darstellt, das Leben der Engel die Blüte und das himmlische Leben die reife Frucht. Ihr sagt: ›Ich hätte gern die Frucht!‹ Aber ohne durch die Form einer Blüte zu gehen, kann eine Frucht nicht entstehen. Und eine Blüte könnte keine Blüte sein, ohne zuerst eine Knospe gewesen zu sein. Es geht eine gewisse Kraft aus der Knospe hervor und entfaltet sich in der Blüte. Die Blüte ist eine Sprache. Wenn eine Pflanze blüht, spricht sie. Der Duft einer Blüte ist ihre Sprache. Es gibt Pflanzen, deren Duft lieblicher und angenehmer ist. Wir glauben, dass der Duft einer Blüte keinen Sinn erfüllt, in Wirklichkeit jedoch ist er eine ganze Poesie, vergleichbar mit dem Werk eines Dichters.«

Die Freude an den Dingen
Armand Point (1884)

»Die Musik der Zukunft wird die Kraft zur Heilung besitzen. Sie wird magisch sein. Sie wird für den Menschen ein Mittel bilden, die Natur zu beleben: Die Steine, die Bäume, die Quellen, alles wird durch diese Musik belebt werden. Und wenn wir sagen, dass die neue Kultur erscheinen wird, sobald die Blumen sprechen werden, so verstehen wir darunter, dass der Mensch beginnen wird, die Musik, die ihnen entströmt, wahrzunehmen. Er wird die Musik, die die gesamte Natur durchdringt, zu spüren beginnen.«

Omraam Mikhaël Aïvanhov

EVERA*

Die Sonne scheint,
sie liebkost uns mit ihren Strahlen,
Sie liebkost die Gräser und die Blumen.
Wir tanzen am frühen Morgen,
Mit Freude im Herzen.
Die Luft ist ein Segen.
Vöglein fliegen fröhlich
Über unseren Köpfen.
Die gesamte Natur strahlt vor Schönheit;
Vom Tau bedeckt, funkelt das Gras,
Und die Blumen verströmen ihren Duft.

MALKIAT IZVOR*

Ein heller Strahl kommt von oben,
Und sein Licht fällt auf die Blümchen.
In der Nähe entspringt eine kleine Quelle.
Sie sprudelt anmutig und murmelnd,
Und erfreut ohne Unterlass die Blumen.

* Deutsche Übersetzung eines Liedes, das von Peter Deunov komponiert wurde. Das Lied ist in bulgarischer Sprache erhältlich auf der CD „Chants de la Fraternité Blanche Universelle" aus dem Prosveta Verlag.

Am Klavier
Władysław Czachórski

Quellenhinweise

Seite	
11	Gedanken für den Tag 1998, Gedanke vom 10. September
12	Gedanken für den Tag 1999, Gedanke vom 24. August
15	Gedanken für den Tag 2015, Gedanke vom 1. März
17	Gedanken für den Tag 1993, Gedanke vom 2. Mai
18	Gedanken für den Tag 1996, Gedanke vom 23. Oktober
19	Gedanken für den Tag 2015, Gedanke vom 3. Juni
20-21	Reihe Gesamtwerke, Band 21 (nicht übersetzt) und Band 31 »Leben und Arbeit in einer Einweihungsschule«, Kapitel 7, Teil 2.
22	Gedanken für den Tag 2006, Gedanke vom 5. August Gedanken für den Tag 1998, Gedanke vom 16. August
23	Reihe Izvor, Band 242 »Unerschöpfliche Quellen der Freude«, Kapitel 5
24	Gedanken für den Tag 2001, Gedanke vom 28. Oktober
25	Gedanken für den Tag 2004, Gedanke vom 25. August
27	Reihe Gesamtwerke, Band 15 »Liebe und Sexualität«, Kapitel 7, Teil 2.
30-31	Gedanken für den Tag 2006, Gedanke vom 21. März
32	Gedanken für den Tag 2006, Gedanke vom 16. April
34	Gedanken für den Tag 2005, Gedanke vom 16. August
35-36	Reihe Gesamtwerke, Band 1 »Das geistige Erwachen«, Kapitel 1, Band 28 »Die Pädagogik in der Einweihungslehre«, Kapitel 7
37	Gedanken für den Tag 2006, Gedanke vom 1. April
39	Reihe Izvor, Band 216, »Geheimnisse aus dem Buch der Natur«, Kapitel 9
40	Gedanken für den Tag 1991, Gedanke vom 28. Dezember
42-43	Reihe Izvor, Band 240 »Söhne und Töchter Gottes«, Kapitel 8
44	Gedanken für den Tag 2005, Gedanke vom 6. Februar
47	Reihe Gesamtwerke, Band 8 »Sprache der Symbole, Sprache der Natur«, Kapitel 6
49	Reihe Gesamtwerke, Band 7, »Die Reinheit«, Einleitung (Jesod spiegelt die Tugenden aller anderen Sephiroth wider)
50	Goldene Worte, Kapitel 1
51	Reihe Izvor, Band 231 »Saaten des Glücks«, Kapitel 19
56	Reihe Gesamtwerke, Band 26 »Der Wassermann und das Goldene Zeitalter«, Kap. 6
58	Reihe Izvor, Band 242 »Unerschöpfliche Quellen der Freude«, Kapitel 18
60	Reihe Gesamtwerke, Band 10 »Sonnen-Yoga«, Kapitel 20
62	Gedanken für den Tag 2014, Gedanke vom 11. März
64	Reihe Gesamtwerke, Band 7 »Die Reinheit«, Kapitel 4
67	Goldene Worte, Kapitel 16
71	Gedanken für den Tag 2010, Gedanke vom 25. Juli
83	Gedanken für den Tag 2015, Gedanke vom 26. Mai
90-92	Reihe Gesamtwerke, Band 2 »Die spirituelle Alchimie«, Kapitel 8
93-95	Reihe Gesamtwerke, Band 8 »Sprache der Symbole, Sprache der Natur«, Kap. 5
97	Gedanken für den Tag 1998, Gedanke vom 24. Dezember
99	Gedanken für den Tag 1999, Gedanke vom 10. Januar
104	Reihe Gesamtwerke, Band 2, »Sprache der Symbole, Sprache der Natur«, Kap. 8
106	Reihe Gesamtwerke, Band 3 »Die beiden Bäume im Paradies«, Kapitel 6
107	Gedanken für den Tag 2014, Gedanke vom 24. August
108-111	Reihe Gesamtwerke, Band 4 »Das Senfkorn«, Kapitel 10
116	Gedanken für den Tag 2012, Gedanke vom 29. Juli
117	Gedanken für den Tag 2012, Gedanke vom 31. August

Weitere Bücher von Omraam Mikhael Aïvanhov

Im Prosveta Verlag sind mehr als 100 Bücher von Omraam Mikhael Aïvanhov in deutscher Sprache erhältlich. Sie behandeln fast alle Themen, denen der Mensch in seinem Leben und seinem Alltag begegnet. Jedes dieser Bücher enthält ein fundiertes und tiefes Wissen und vermittelt mit klaren und treffenden Worten Hilfe, Orientierung, Freude und Hoffnung.

Es kann ein kostenloser Katalog beim Prosveta Verlag angefordert werden, der Informationen zu den einzelnen Büchern enthält. Diese Informationen sind auch in den Artikelbeschreibungen des Online-Shops enthalten. Viel Wissenswertes über das Leben, das Wirken und die Lehre des Autors Omraam Mikhael Aïvanhov finden Sie auch unter www.aivanhov.de.

Bestellen können Sie im Verlag oder im Buchhandel. Wenn Sie ein Buch in Ihrer Buchhandlung nicht erhalten, ist es bei uns im Verlag dennoch lieferbar.

Viele Bücher sind auch als E-Book erhältlich.

VERLAGE UND AUSLIEFERUNGEN

FRANKREICH
Éditions Prosveta S.A. (Hauptverlag)
B.P. 12 – F-83601 Fréjus Cedex
Tel. 04 94 19 33 33, Fax 04 94 19 33 34
Internet: www.prosveta.fr, E-Mail: international@prosveta.com

DEUTSCHLAND
Prosveta Verlag GmbH
Grabenstr. 14, 78661 Dietingen
Tel. 0741-3430
Internet: www.prosveta.de, E-Mail: kontakt@prosveta.de

ÖSTERREICH
Harmoniequell Versand
Ulmenweg 8, 5302 Henndorf
Tel. und Fax 06214 7413
Internet: www.prosveta.at, E-Mail: info@prosveta.at

SCHWEIZ
Éditions Prosveta
1808 Les Monts-de-Corsier 13
Tel. 021 921 92 18
Internet: www.prosveta.ch, E-Mail: editions@prosveta.ch

ISBN 978-3-89515-117-0

2. Auflage

Druck 2024: Interpress, Ungarn

Foto Umschlag: iStock/VIDOK